選舉民調中的
非抽樣誤差與準確度評量

蔣建州　著

自　序

　　社會科學學者或專業調查機構都經常需要以抽樣的方式來從事調查研究，作法是先從「抽樣母體」中抽出母體中小部分樣本進行訪談，然後再根據有效樣本所提供的資訊來推估「目標母體」的整體行為。然而在各種不同領域的調查研究與應用中，又以選舉民意調查（預測得票率）最為特別，最值得研究。原因是大多數的調查，如收視率、發行量、滿意度、市場佔有率，……等通常最終都還是不會有真正答案，因此無從評價調查結果的準確性。選舉民調則可以有最終的選舉結果作為計算調查準確度的目標值，而藉由評價、比較調查機構在歷屆選舉預測中的表現，得以使調查技術有持續的進步，不僅有助於提高選舉預測的品質水準，改進後的調查技術更可廣為其它領域所應用。有鑑於此，本書將透過對台灣近十年選舉民意調查原始資料的實證分析，探討調查研究方法的應用與理論，以及其他非抽樣誤差與準確度評量等所衍生的相關問題。

　　本書共計分為三大部份，主要係參考與整合本人近年來在相關領域的學術研究。第一部份是調查研究方法與應用，其中第一章是緒論介紹調查方法的基本原理，特別是普遍應用在選舉民調的電話調查方法。第二章是探討穩健電話調查程序，針對如何執行一個同時具有精確度與準確度的電話調查程序提出初探性的構想，同時也比較國內外民調機構在電訪程序各步驟作法的異同。第三章是檢視民調的樣本結構與調查結果準確度、精確度的關聯性，以及母體結構適合度檢定，其中是以 TVBS 在 2006 年台北市長選舉八波次民調原始資料作為分析的基礎，同時也討論訪問時段、訪問波次與訪問星期對樣本結構與調查結果的影響。

　　本書的第二部份是探討電話調查過程中的非抽樣誤差問題，其中在第四、五、六章分別透過 2000 年總統選舉的台北市民調、2004 年總統選舉的全國性民調，以及 2005 年台北縣長選舉民調等三筆原始資料，探討加權估計效用、電話追蹤效用、非抽樣誤差等問題，此外也針對調查過程中未表態、拒訪、困難聯繫等三類型受訪者對選舉預測的干擾與影響進行探討。

　　本書的第三部份是調查準確度的評量，其中第七章準兩組主要候選人選情的民調準確度評量方法之研究，主要是探討類似 2000 年台灣總統選舉，該選舉的選情是介於兩位主要候選人與三位主要候選人的「準-兩位主要候選人」，提出不同的選情應該採用不同的民調準確度評量計算方法的構想。第八章是比較不同民調準確度評量法間的一致性與相關性，以及探討影響調查準確度的七個因子（調查頻率、未決定受訪者比例、民調出資機構、民調委託與否、調查作業時間長度、樣本數、與選舉日距離）對台灣 2000 年總統選舉民調的「平均誤差值」與「對個別候選人高估（或低估）值」的影響。第九章 2004 年總統選舉民調準確度評量與影響因素之探討則是提出推估「候選人動態支持度模式」（用以取代大多數以選舉結果作為比較與計算民調準確度基礎）的構想，並用以針對可能影響民調差異的因子進行分析探討。

　　本書係將本人近年在非抽樣誤差與調查準確度評量等兩領域之相關研究集結成書。希望能藉此拋磚引玉，未來能有更多後續的學術或實務研究，同時也自我期許能對台灣調查方法的持續改進，略盡棉薄。

蘇建州誌於
世新大學傳播管理學系
2007 年 8 月

目次

自 序 i

第一篇　調查研究方法與應用 1

　第一章　緒論 3
　　第一節　電話調查 3
　　第二節　民意調查 5
　　第三節　非抽樣誤差與加權估計 8
　　第四節　選舉民調準確度評量 9

　第二章　穩健的電話調查程序 15
　　第一節　緒論 16
　　第二節　電話隨機撥號法之模擬參數設計 19
　　第三節　國內外電話調查方法之比較 38
　　第四節　結果與討論 40

　第三章　電話調查訪問時段對樣本結構與調查結果影響 47
　　第一節　緒論 48
　　第二節　原始樣本中未參與受訪者所導致的偏差與加權估計 49
　　第三節　選舉民調的三種母體：選舉人、實際投票選民、
　　　　　　有投票意願選民 51
　　第四節　資料分析 53
　　第五節　結論與後續研究 61

第二篇　電話調查的非抽樣誤差問題 65

第四章　電話追蹤與加權估計效用之研究：
以 2000 年總統選舉在台北市民調為例 67

第一節　緒論 67

第二節　電話追蹤、加權估計與民調準確度評量 69

第三節　研究設計與資料分析 71

第四節　結論 75

第五章　電話追蹤與加權估計效用之研究：
以 2004 年總統選舉民調為例 79

第一節　緒論 80

第二節　加權估計與電話追蹤 81

第三節　直交表實驗設計與配置 86

第四節　資料分析 90

第五節　結論與後續研究 97

第六章　電話調查中的非抽樣誤差與加權估計問題：
以 2005 年台北縣長選的實驗性民調為例 101

第一節　緒論 101

第二節　文獻探討 105

第三節　不具非抽樣誤差之選舉民調與實際選舉民調 107

第四節　研究設計與樣本分析 109

第五節　資料分析 113

第六節　結論 119

第三篇　調查準確度的評量 123

第七章　準兩組主要候選人選情的民調準確度評量方法之研究 125

第一節　Introduction 126

第二節　Presidential Election in 2000 and Pre-Election Polling in Taiwan 128

第三節　Polling Accuracy Measurement 133

第四節　Assessing Taiwan's 2000 Pre-election Polls 140

第八章　2000 年總統選舉選舉民調準確度評量與影響因素之探討 161

第一節　緒論 162

第二節　選舉預測的準確度評量問題 164

第三節　台灣 2000 年總統選舉與民調 167

第四節　影響民調準確度因子 173

第五節　結論 176

第九章　2004 年總統選舉選舉民調準確度評量與影響因素之探討 179

第一節　緒論 179

第二節　民調差異（波動）的來源 183

第三節　選舉民調的差距（波動）值評量問題 184

第四節　2004 年總統選舉媒體民調樣本 187

第五節　估計動態民調支持度 193

第六節　影響民調差距值因子分析 195

第七節　結論 201

第一篇

調查研究方法與應用

第一章　緒論

社會科學學者或專業調查機構都經常需要以抽樣的方式來從事調查研究，作法是先從「抽樣母體（sample population）」中抽出母體中小部分樣本進行訪談，然後再根據有效樣本（effective sample）所提供的資訊來推估「目標母體（target population）」的整體行為。然而在各種不同領域的調查研究與應用中，又以選舉民意調查（預測得票率）最為特別，最值得研究。原因是大多數的調查，如收視率、發行量、滿意度、市場佔有率，……等通常最終都還是不會有真正答案，也無從評價調查結果的準確性。選舉民調則可以有最終的選舉結果作為計算調查準確度的目標值，而藉由評價、比較調查機構在歷屆選舉預測中的表現，得以使調查技術有持續的進步，不僅有助於提高選舉預測的品質水準，改進後的調查技術更可廣為其它領域所應用。有鑑於此，本書將透過對台灣近十年選舉民意調查資料的實證分析，探討調查研究方法的應用與理論，以及其他非抽樣誤差與準確度評量等相關問題。

本章共分為四節，將依序介紹選舉民調最經常使用的電話調查方法、民意調查的概述、電話調查（或民意調查）中的非抽樣誤差與加權估計問題，以及選舉民調的準確度評量問題。

第一節　電話調查

有許多研究方法與調查研究的書籍都歸納調查進行步驟，然而大都是大同小異，目的是希望從事調查作業時能有系統與有計畫地進行，其

中常見的主要步驟依序包括：瞭解調查研究主題的背景與特性、建立研究目的與假設、決定目標母體與抽樣母體（架構）、選擇適當的調查方法與抽樣設計、問卷設計、執行調查訪問、資料編輯與建立檔案、樣本結構與代表性檢定、以及樣本追加、追蹤與加權估計、資料分析、撰寫調查結果、討論與建議等。

　　在上述步驟中，首先是針對調查研究主題的背景與特性蒐集相關的初級或次級資料，然後是建立調查研究目的與研究假設，例如調查研究目的可能只是為了瞭解現況，或是針探變數間關聯性、重要參數預測、甚至是建立模型或進行參數控制。調查研究的第三個步驟是需要確定研究的目標母體，以及實際進行抽樣的抽樣架構（即抽樣母體）。然後就是決定要採什麼樣調查方法，這是非常重要的步驟。以目前在進行調查研究時經常被考慮到的方法包括電話調查法、人員訪查法（面訪）、團體自填問卷法、留置問卷調查法、郵寄調查法、網路調查法、手機調查法、其他新進調查法：固定樣本法、單一來源調查法、混合調查法等。選擇調查方法的考慮因素很多，包括成本、時間、準確度、精確度、可行性、便利性……等。然而無論是採用那一種調查方法，為了避免在抽樣過程中產生系統誤差（system error，或稱之為非抽樣誤差），抽樣母體應儘可能的近似目標母體（Mood，Graybill & Boes 1976，Cochran 1977）。然而當目標母體是散居各地且隨時在自由移動的居民時，直接從目標母體抽樣是極為困難的。相較之下，電話調查（telephone survey）具有操作簡便、成本低、所需的時間短、訪員效應低（因訪員集中、管理容易之故，Groves and Mathiowetz 1984）等優點，而且根據研究顯示電話訪問與面談訪問（personal interview）所蒐集資料之正確性並無顯著差異（Aneshensel et. al. 1982），因此已經取代直接從目標母體抽樣的面談訪問方式，成為在

社會科學中最重要與經常採用的一種研究工具（黃河 1996，Klecka & Tuchfarber 1978）。

　　在電話調查中的抽樣母體是電話住宅用戶（telephone household），而目標母體是全體住戶，其中較為人所垢病的是因為部分目標母體中的個體被摒除在外而導致的系統誤差（Groves et. al. 1988）。然而，近年來在電話普及率逐漸提高和權衡上述電話調查優點的情況下，偏差問題相對地也漸不嚴重了，也因此在電話普及率較高的先進國家，都已經普遍的使用電話調查方法。依據主計處民國 81 年的資料估計，我國電話住戶對全體住戶的覆蓋率約為 94.75%，而美國在 1994 年時約為 93.8%（Keeter 1995），都是高電話普及率的國家。

　　進行電話調查的最終目的無非是要估計目標母體中我們感興趣的未知參數（parameter），諸如對某特定人事物的滿意度、支持度、收視率、閱報率……等。而電話調查的過程，包括抽樣方式（如電話號碼產生方式與戶中抽樣方式）、訪問的時機、無效樣本（即不成功樣本，例如電話訪談結果為答錄機、忙線、無人接聽等）之處理原則、追蹤電話（call back）之作業方式、推估參數的方法（如是否採加權（weighting）估計以及採取何種加權方式）、訪員素質等，其中每個環節都可能有非抽樣誤差的產生。在本書後續章節中將針對電話調查程序各步驟所衍生的相關問題進行進一步的探討與分析。

第二節　民意調查

　　「民意調查是過時的玩意兒。」，「將來人們在回顧這些民調時，會認為這只是美國人一度信服的幻覺。」，「我不認為民意調查目前還有存在的必要。」，「這是對手陣營不能獲勝的宣傳。」，「又是一則錯誤

不實的消息。」,「你不必理會那些鬼扯淡的民意調查結果。」,「只要有幾台電話,一台打字機,任何阿貓阿狗都可成為民調專家。」「民調是很不可告靠的東西,白天問,晚上問,男生問,女生問結果都不一樣。」(對手譏笑:民調又不是在量血壓怎會變來變去)。上述是真實上演在美國與台灣選舉期間民調落後候選人的言論集。在美國最經常被討論的例外是杜魯門總統(Harry Truman),1948 年當測驗結果顯示出他將會失敗時,他曾說民調分析是錯誤的;選舉後,果真如杜魯門所言,他當選了。而在台灣則經常發生令所謂的民調專家出糗的民調與選舉結果的差距,包括 2004 年 TVBS 投入大量人力與財力,委請國外專家 Mitsfsky 事先嚴謹規劃與設計的總統選舉出口民調。事實上,Mitofsky International 是美國頗負盛名的專業民調公司,其所技術支援的「投票所出口民調」,自 1967 年由美國 CBS 電視台委託 Warren Mitofsky 執行,至 2004 年美國民主黨總統候選人初選歷經了 38 年。在美國、墨西哥、俄羅斯及菲律賓等地,Mitofsky 已經執行 3,000 次以上出口民調,美國五大電視網 ABC、CBS、NBC、CNN、FOX 及美聯社,幾乎每次選舉都會委託 Mitofsky 進行出口民調,民主共和兩黨總統初選、大選、參眾兩院及各州州長選舉,都會根據 Mitofsky International 的出口民調資料進行開票報導,調查甚具公信力,預測選舉結果正確率高;以 2003 加州州長補選為例,媒體就是根據 Mitofsky 的出口民調預測阿諾當選,選票尚未開完,現任州長戴維斯便依據出口民調結果宣佈落選。台灣雖然曾經在 1998 年台北市長選舉的出口民調有很好的表現,但在經歷 2004 年的挫折後,以出口民調結果宣佈當(落)選的場景要在台灣發生可能要延後 20 年以上?然而我們也不禁要問:民調是否為科學方法?民調為何會有誤差?誤差的來源為何?而我們能否控制誤差?

　　然而民意的測量，也就是「民意調查」，就涉及許多理論與實務上的問題。民意向誰問？民意既是公眾對某特定議題的意見，則「公眾」是指哪些人？調查對象，也就是上述「公眾」，需配合民意調查的目的而定。在探測民眾意見的整個研究過程中，實際上存在著許多「機制」，影響到民眾對於某一特定問題之意見與回答。而在各項調查機制間，每一環節時時刻刻都有可能產生誤差，代表著「調查所得答案」與研究者所要探測之「真實數據」兩者之間的差距。這些誤差如果無法有效控制，則民調結果往往只是一堆誤差的總和（the sum of errors）罷了，沒有任何實質意義（吳齊殷，1999）。

　　事實上，民意測驗的應用可以說是無所不在，既深且廣。政府施政需考慮民意取向，通常是透過行政院研考會或各部會主計單位定期或不定期舉辦各種民調來探測之，因此政府部門內需要有專業的民調專家來執行或委外進行民調，而國內主要政黨的候選人提名機制，乃至於競選期間的事件或議題對選情影響也都藉都需要倚重民意的測量，因此這些政黨都設有專責的民調中心來提供所需的即時民意資訊。而國內的主要平面（如中國時報與聯合報）與電視媒體（如 TVBS、年代、東森）也都紛紛成立專責與獨立的民調中心以應付日漸頻繁的精確新聞（Precision Journalism），特別是民調新聞的需求。所謂的精確新聞與傳統新聞報導最大的不同，在於運用科學方法進行直接（如面對面訪問）或間接（如電話訪問）的系統性觀察，以彌補傳統新聞報導缺乏普遍意見之代表性的缺失（如傳統新聞深受消息來源控制，以及新聞報導所呈現的聲音大都是政府官員、學者或社會菁英的意見等缺失）（羅文輝，1991）。因此，精確新聞可說是新聞演進過程中，有關客觀性報導的新途徑。此外，由於精確新聞大量運用調查研究法來探測民眾對公共事務

或時事議題的意見，因此雖不必然就是有關民意調查的新聞報導，但新聞機構採用調查法來分析民意則一定是精確新聞。

選舉預測的起源是 Literary Digest 在 1916 年以郵寄「模擬選票」方式預測美國總統大選，而正式使用科學抽樣方法則是從 1936 年的美國總統大選才開始。1930 年代在「抽樣調查理論」以及「態度測量」技術的發展，當時的 Gallup 與 Crossley 等兩家民調機構於 1936 年美國總統大選中，以 1000 多個樣本，成功的預測 Roosevelt 當選美國總統，相對的 Literary Digest 以約 130 萬個樣本錯誤的估計另一位候選人 Landon 當選，從此民意測驗進入一個以科學方法為基礎的年代。

雖然民意調查的範圍並不侷限以選舉預測為目的選舉民意調查，然而本書仍然是以透過電話調查法的選舉民調作為研究的基礎。在本書的第二章是探討穩健電話調查程序，針對如何 process 一個同時具有精確度與準確度的電話調查程序提出初探性的構想，此外也比較國內外民調機構在電訪程序各步驟作法的異同。第三章是檢視民調的樣本結構與調查結果的穩定性與母體結構適合度，其中是以 TVBS 在 2006 年台北市長選舉八波次民調原始資料作為分析的基礎，同時也討論訪問時段、訪問波次與訪問星期對樣本結構與調查結果的影響。

第三節　非抽樣誤差與加權估計

調查誤差的來源有抽樣誤差（sampling error）與非抽樣誤差（non-sampling error），其中非抽樣誤差包括涵蓋的誤差（coverage error），無回應誤差（non-response error）如拒訪（refusal），困難聯繫（hard-to-reach）與測量誤差（measurement error）等。抽樣誤差主要與樣本數大小有關，可以透過統計學公式計算與事前控制，然而造成非抽

樣誤差的原因很複雜。實際的選舉民調誤差來源為抽樣誤差+非抽樣誤差，其中樣本過於偏重電話線多、住戶中投票選民數少者將導致樣本代表性偏差（representative bias）的抽樣誤差，此外至少會有下列三個非抽樣誤差（或稱之為非隨機誤差）的來源：

一、無涵蓋誤差：無法透過電話 reach 之投票選民。

二、無回應誤差：未能成功聯繫、未表態、拒訪之投票選民。

三、因選民欺瞞或支持意向變動所導致的預測結果偏差：不誠實表態或調查期間投票態度與投票日投票行為不同之投票選民。

在本書的第四、五、六章將分別透過 2000 年總統選舉在台北市民調、2004 年總統選的全國性民調，以及 2005 年台北縣長選舉民調的原始資料，探討加權估計效用、電話追蹤效用、非抽樣誤差問題，包括未表態、拒訪、困難聯繫等三類型受訪者對選舉預測的干擾與影響。

第四節　選舉民調準確度評量

選舉民調是一種很特別的調查，因為針對相同目標母體與主題，在相同（近）的調查期間內，經常會有不同機構進行大量與重覆的調查，這是大多數調查主題的研究所不能及的。此外，最終候選人的實際得票率或同期間其他機構的調查結果都可以作為檢視民調表現與計算調查誤差值的依據，此乃促使調查技術得以持續進步的重要推力，而藉由歷次對選舉民調表現的檢討，不僅有助於提高選舉預測的品質水準，改進後的調查技術也已廣為其它領域所應用。常見檢討選舉民調表現的研究主題包括針對單次選舉中各民調機構預測表現進行評量，如 Traugott（2001）、Mitofsky（1998）和 NCPP（2001）等，對歷屆選舉民調機構平均預測表現的評量，如 Mitofsky（1998）、Buchanan（1986）和

NCPP（2001）等，以及分析影響民調準確度的因子，如 Lau（1994）、Converse and Traugott（1986）和 Crespi（1988）等。而進行上述評量或分析前的重要工作就是要選擇一個適當的「民調準確度評量方法（Polling Accuracy Measurement）」。而民調準確度評量則有助於將民調的「劣幣」與「良幣」區分出來，而媒體受眾將來也可以依據調查機構在過去選舉預測中的表現，對其未來所作的選舉調查結果給予不同的可信度。

　　以美國 2000 年總統選舉為例，在選前最後幾乎是各家調查機構一致認為雙方普選票差距在 1 個百分點之間，選舉結果高爾在普選的得票率上贏小布希不到 0.2 個百分點。事實上，根據美國 NCPP（National Council on Public Polls，2003）評量媒體與民調機構從 1916-2000 年以來的民調表現，除了 1936 年與 1948 年以外，民調結果大多都與選舉結果一致，使人更相信民意調查是一種科學方法，經過嚴謹的執行確實可以達到要求的精準度。然而精準的民調有賴於民調技術的提升，而不是一次次的碰運氣。以下表 1-1 與表 1-2 是 NCPP 針對 2000 年美國總統選舉民調表現的評量結果。

表 1-1　2000 年美國總統選舉民調機構表現

Poll	Bush / Gore Error	Nader Error
Harris Poll	0.0%	2.0%
CBS News	0.5	1.0
IBD / CSM/Tipp	1.0	1.0
ICR / Politics Now	1.0	4.0
Gallup / CNN / USA Today	1.0	1.0
Pew Research	1.0	1.0
Zogby / Reuters	1.0	2.0
ABC News / Wash Post	1.5	0.0
NBC News / WSJ	1.5	0.0
Battleground	2.5	1.0
Average	**1.1**	**1.3**
Alternative **Method Polls**	**Bush / Gore** **Error**	**Nader** **Error**
Harris Interactive	0.0%	1.0%
Rasmussen	4.5	

表 1-2　2000 年美國總統選舉民調機構最後民調

2000-Preliminary	Gore	Bush	Nader	Undecided	Other
Election Results	48%	48%	3%		1%
Zogby	48%	46%	5%	0%	1%
CBS	45%	44%	4%	5%	2%
Harris (Phone)	47%	47%	5%	0%	1%
Gallup / CNN / USA Today	46%	48%	4%	0%	2%
Pew Research	47%	49%	4%	0%	0%
IBD/CSM/TIPP	46%	48%	4%	0%	2%
ICR/Politics Now	44%	46%	7%	1%	2%
NBC/WSJ	44%	47%	3%	4%	2%
ABC/WashPost	45%	48%	3%	3%	1%
Battleground	45%	50%	4%	0%	1%
Alternative Methods					
Harris Interactive	47%	47%	4%	0%	2%
Rasmussen	49%	40%	4%		

表 1-3　1936-2000 年美國總統選舉民調機構表現

Mean calculations					
Chart Data	Overall Error	Dem Error	Error on Margin	Error on Lead Candidates	Error on 3rd Party
1936	6.5%	-6.5%	12.0%	6.0%	
1940	3.0%	-3.0%	6.0%	3.0%	
1944	2.3%	-2.3%	5.0%	2.5%	
1948	3.7%	-4.8%	10.0%	5.0%	1.5%
1952	4.4%	4.4%	9.0%	4.5%	
1956	1.8%	-1.8%	3.0%	1.5%	
1960	1.0%	1.0%	2.0%	1.0%	
1964	2.7%	2.7%	5.0%	2.5%	
1968	1.3%	1.1%	2.5%	1.3%	0.5%
1972	2.0%	-1.4%	2.7%	1.3%	
1976	1.5%	-0.3%	2.0%	1.0%	
1980	3.0%	2.9%	6.3%	3.1%	
1984	2.4%	-0.1%	4.3%	2.1%	
1988	1.5%	-0.8%	3.2%	1.6%	
1992	2.2%	1.5%	2.2%	1.1%	3.0%
1996	1.7%	1.9%	4.1%	2.1%	0.8%
2000			2.0%	1.0%	1.3%

* When polls published a percentage for "Undecided", it was allocated proportionally to all other candidates for this computation.

另外在 NCPP 的網站也提供 1936-2004 年民調機構的評量資料，以上表 1-3 僅列出歷屆美國總統大選的平均表現。其中發現採用那一種民調準確度評量的計算公式（Overall Error、Dem Error、Error on Margin、Error on Lead Candidates 或 Error on 3rd Party），除了 1936 年與 1948 年外，整體表現都算還不錯，然而這也衍生兩個研究問題。

一、該用怎樣的民調評量方法來評價民調的表現？簡言之，有許多民調機構在選前公佈民調結果或是選舉預測，選舉結果揭曉後，如何評量最公正、最客觀、最合理？

二、有那些因素會影響民調準確度的表現？

　　針對上述兩個研究問題，在本書的第七章準兩組主要候選人選情的民調準確度評量方法之研究，主要是探討類似 2000 年台灣總統選舉，該選舉的選情是介於兩位主要候選人與三位主要候選人的「準－兩位主要候選人（Quasi-Two-Way Election）」，提出不同的選情應該採用不同的民調準確度評量計算方法的構想。第八章是將比較不同民調準確度評量法間的一致性與相關性，以及探討影響調查準確度的七個因子（調查頻率、未決定受訪者比例、民調出資機構、民調委託與否、調查作業時間長度、樣本數、與選舉日距離）對台灣 2000 年總統選舉民調的「平均誤差值」與「對個別候選人高估（或低估）值」的影響。第九章 2004年總統選舉民調準確度評量與影響因素之探討則是提出推估「候選人動態支持度模式」（用以取代大多數以選舉結果作為比較與計算民調準確度基礎）的構想，並用以針對可能影響民調差異的因子進行分析探討。

參考文獻

黃河（1996），電話調查抽樣方法，中國統計通訊，7(11)：2-13。

Aneshensel, C. S. et. al. (1982), Measuring Depression in Community: Comparison of Telephone and Personal Interviews; Public Opinion Quarterly 46:110-21.

Buchanan, W. (1986), "Election Predictions: An Empirical Assessment." Public Opinion Quarterly, pp. 222-227.

Cochran, W. G. (1977), Sampling Techniques. Third Edition. New York: John Wiley & Sons, Inc.

Converse, P. E., and Traugott M. W. (1986), "Assessing the Accuracy of Polls and Surveys." Science, pp. 1094-1098.

Crespi, I. (1988), Pre-election Polling: Sources of Accuracy and Error. New York: Russell Sage.

Groves, Robert M., Paul P. Biemer, Lars E. Lyberg, James T. Massey, William L. Nicholls II, and Joseph Waksberg, eds. (1988), Telephone Survey Methodology. New York: John Wiley & Sons, Inc.

Groves, Robert M.; Nancy A. Mathiowetz (1984), Computer Assisted Telephone Interviewing: Effects on Interviewers and Respondents; Public Opinion Quarterly, 48, 1B, Spring, 356-369.

Keeter, S. (1995), "Estimating Telephone Noncoverage Bias with a Telephone Survey." Public Opinion Quarterly 59: 196-217.

Klecka, W. R. & A. J. Tuchfaarber (1978), Random Digit Dialing: A Comparison to Personal Survey; Public Opinion Quarterly 42: 105-42.

Lau, R. R. (1994), "An Analysis of the Accuracy of "Trail Heat" Polls During the 1992 Presidential Election." Public Opinion Quarterly, pp.2-20

Mitofsky, W. J. (1998) "Was 1996 a Worse Year for Polls than 1948?" Public Opinion Quarterly, 62(2):230-249.

Mood, A.M., Graybill F.A., and Boes, D.C. (1976), Introduction to the Theorey of Statistics, McGraw-Hill Book Company.

NCPP (2001), "Presidential Poll Performance 2000 Error Calculator," NCPP report (http://www.ncpp.org)

Traugott, M.W., 2001 "Assessing Poll Performance in the 2000 Campaign." Public Opinion Quarterly 65:389-419.

第二章　穩健的電話調查程序[1]

　　電話調查的最終目的是要估計目標母體中我們感興趣的未知參數，諸如對某特定人事的滿意度、支持度、收視率……等。而電話調查的過程，包括議題選定、問卷設計、抽樣（電話號碼與戶中抽樣方式）、可能狀況（例如拒答、答錄機、忙線、無人接聽、空號、無合格受訪者、傳真機、非住宅電話……等）之處理、追蹤電話之作業與時機、加權估計、訪員管理與績效控制，以及最後對結果的闡釋與解讀等，其中的每個環節都有可能會影響到結果表現。基於對參數估計有「高精確度」（即參數估計量的變異數小，因此有效樣本數要足夠大）、「高準確度」（即參數估計量的偏差小，因此電話調查抽樣之覆蓋率回應率要高），以及「高效率」（即平均獲得有效樣本之單位成本要低，因此要減少徒勞無功的追蹤電話、拒訪電話以及非住家電話的機會）的期望。本章將利用田口參數設計的哲理與方法來同時權衡上述三種標準，其中如何在電話調查過程中使用隨機撥號法（RDD）的最佳參數設定，以及最佳的追蹤策略（稱之為可控因子）是本章所探討的重點。

　　由於其他可能會影響電話調查結果的因子（稱之為不可控因子）很多而且不易控制，因此本文初探性提出以模擬模式來產生田口方法所需資料的架構，同時也提出如何在模擬實驗過程中應用模擬法的虛擬亂數指派策略來提高研究結果可靠度的作法。此外，為能進一步瞭解國內專業調查機構使用電話調查訪問的實際作業情況，針對國內 12 家知名的調查機構進行訪問，並且和美國的民調機構進行比較。結果發現，我國民調機構的電話調查程序明顯地缺乏效率、不夠嚴謹，因此可能隱藏較

---

[1]　本章內容亦發表於調查研究期刊， Vol 6，pp.73-92，1998.

大的系統偏差（準確度低），相對的國外的一些作法值得參考，而國內
專業調查機構仍普遍缺乏一套穩健的標準化電話調查程序。

第一節　緒論

　　社會科學學者經常以抽樣的方式來從事調查研究，作法是先從「抽
樣母體（sample population）」中抽出樣本進行訪談，然後再根據有效樣
本（effective sample）所提供的資訊來推估「目標母體（target population）」
的整體行為。為了避免在抽樣過程中產生系統誤差（system error，或稱
之為偏差 bias），抽樣母體應儘可能的近似目標母體（Mood, Graybill &
Boes 1976, Cochran 1977）。然而當目標母體是散居各地且隨時在自由移
動的居民時，直接從目標母體抽樣是極為困難的。相較之下，電話調查
（telephone survey）具有操作簡便、成本低、所需的時間短、訪員效應
低（因訪員集中、管理容易之故，Groves and Mathiowetz 1984）等優點，
而且根據研究顯示電話訪問與面談訪問（personal interview）所蒐集資
料之正確性並無顯著差異（Aneshensel et. al. 1982），因此已經取代直接
從目標母體抽樣的面談訪問方式，成為在社會科學中最重要的一種研究
工具（黃河 1996，Klecka & Tuchfarber 1978）。

　　電話調查中的抽樣母體是電話住宅用戶（telephone household），而
目標母體是全體住戶，其中較為人所垢病的是因為部分目標母體中的個
體被摒除在外而導致的系統誤差（Groves et. al. 1988）。然而，近年來在
電話普及率逐漸提高和權衡上述電話調查優點的情況下，偏差問題相對
地也漸不嚴重了，也因此在電話普及率較高的先進國家，都已經普遍的
使用電話調查方法。依據行政院主計處民國 81 年的資料估計，我國電
話住戶對全體住戶的覆蓋率約為 94.75%，而美國在 1994 年時約為 93.8%

（Thornberry and Massey 1995，Keeter 1995），都是電話普及率較高的國家。而根據我們經由中華電信公司所取得的最新資料也顯示，我國電話住宅戶的比例愈來愈高（參見表 2-1、表 2-2），也因此在我國使用電話調查訪問所產生的系統偏差也相對的較不嚴重。

表 2-1　81-85 電話用戶數統計表

	81	82	83	84	85
台北市	1479998	1557635	1614525	1674202	1787001
高雄市	580496	616489	657835	698435	786582
小計	2060494	2174124	2272360	2372637	2573583
台灣省	5076771	5488375	5937197	6401048	7002335
合計	7137265	7662499	8209557	8773685	9575918
住宅	5178368	5535548	5925147	6337677	7006854
非住宅	1958897	2126951	2284410	2436008	2569064

資料來源：中華電信公司

表 2-2　81-85 市內電話住宅用戶數佔住宅戶數統計表

年度	81	82	83	84	85
百分比	97.75%	101.93%	106.22%	110.34%	118.33%

資料來源：中華電信公司

進行電話調查的最終目的無非是要估計目標母體中我們感興趣的未知參數（unknown parameter），諸如對某特定人事物的滿意度、支持度、收視率……等。而電話調查的過程，包括抽樣方式（如電話號碼產生方式與戶中抽樣方式）、可能的無效樣本（即不成功樣本，例如電話訪談結果為答錄機（answering machine）、忙線（busy）、無人接聽（no answering）等）之處理原則、追蹤電話（call back）之作業方式與時機、

推估參數的方法（如是否採加權（weighting）估計以及採取何種加權方式）等，其中每個環節都會影響到參數估計的結果。

一般而言，我們期望參數的估計是「高精確度」（precision，即參數估計量的變異數小，因此有效樣本數要足夠大）、「高準確度」（accuracy，即參數估計量的偏差小，因此電話調查抽樣之覆蓋率（coverage rate）與回應率（response rate）要高），同時基於成本與時間的考量，我們也會期望電話調查方式是「高效率」（efficiency，即平均獲得有效樣本之單位成本要低，因此要減少徒勞無功的追蹤電話（callback）、拒訪電話（refusal）以及非住家電話（non-household）的機會）。本研究計畫主要是以田口品質工程（Taguchi's quality engineering）的哲理與方法為基礎，期望提出一套穩健（robust）的電話調查程序，即使在母體結構或特性與預期有所不同時，此電話調查程序仍會是高精確度、高準確度及高效率，不會有很大的影響。此外，由於影響電話調查結果的因子（factor）很多，而且有些是不可控因子（uncontrollable factor），因此本章計畫藉著模擬模型（simulation model）來產生田口方法所需的資料。有關於模擬與田口兩個方法的結合應用與學術研究的文獻非常豐富（Schruben et. al. 1992, Welch 1990，蘇建州、桑慧敏 1997,1995），而 86年度國科會計畫（NSC86-2213-E-128-002）：「田口品質工程在模擬實驗中的應用」中所提出的方法也可適用於本研究計畫中的模擬實驗。此外，為了進一步瞭解我國調查專業機構進行電話調查訪問的實際作業情況，訪問了國內 12 家知名的調查機構，並且提出和美國專業調機構所使用方法的比較結果。

第二節　電話隨機撥號法之模擬參數設計

一、電話隨機撥號法

　　電話調查抽樣方法可概分為名冊抽樣法（List / Directory sampling，Fletcher and Thempson 1974, Sudman 1973）與隨機撥號法（Random Digit Dialing, RDD）兩類。名冊抽樣法雖然具有簡單、方便、高效率等優點，以台北市為例，電話號碼簿約只涵蓋53%的電話住戶（參見表2-3），而其他47%所代表的正是因為保護隱私的緣故或因最近一年內的遷徙、新增電話等異動因素來不及登錄，而未列名於電話簿，因此樣本的代表性會有相當嚴重的偏差（洪永泰1995，Groves 1978）。

表 2-3　85年版台北市、高雄市、台灣省刊登電話號碼簿比例

區域	分類部			住宅部		
	非住宅戶數	刊登號數	刊登比	住宅戶數	刊登號數	刊登比
台北市	721325	275100	38%	1168800	623278	53%
高雄市	230792	141039	61%	680996	503532	74%
台灣省	1222827	758152	62%	5007169	3505018	70%

資料來源：中華電信公司

　　然而，根據我們實際訪查發現，國內部分知名調查機構，如紅木、SRT、中華徵信所目前仍使用名冊抽樣法（詳細作法參見表2-4），而其他小規模調查機構或個人的使用更是普遍，這樣的調查結果另人憂心。為改善名冊抽樣法涵蓋率低的缺點，有些調查機構，如世新民調、中時民調、聯合報民調、蓋洛普等的作法是先從電話號碼簿抽樣，再將號碼樣本去除最後1（或2，3，4）碼，以隨機產生的1（或2，3，4）碼代替成為最後樣本（參見表2-4）。戴立安（1997）在對國內電話調查之多

段隨機撥號抽樣方式的分析一文中提出以隨機 1 碼的效率最佳，然而此一作法會有涵蓋率低的系統偏差問題。

表 2-4　我國民調機構使用電話調查現況一覽表

機構名稱	電訪專線	電腦輔助電話調查系統（CATI）	電話號碼樣本抽樣方式	狀況處理（電話追蹤策略）	戶中抽樣	加權估計	電訪員管理	備註
政大選舉研究中心	30線	使用語音科技公司研發之 CATI 系統再加以修正。	1. 首先向中華電信查詢各縣市電話交換碼，並經常性的更新資料。 2. 電話號碼樣本的產生方式是先依電話號碼簿等距抽出區域交換碼，再以隨機方式產生後四碼。	1. 經鈴響 8-13 聲判定為無人接聽（由系統設定）。 2. 遇答錄機、拒答、傳真機認定為失敗樣本，不再重撥。 3. 遇忙線、無人接聽由電腦系統自動設定定時再撥號（通常訂為半小時）。	依年齡、性別進行戶中抽樣。	以多變數反覆加權估計（ranking）。	1. 招募：主要是工讀生。 2. 工作時間：6：00～10：00 P.M.。 3. 待遇：時薪 120～150 元。 4. 訓練：職前訓練 1-2 小時。	
TVBS民調	48線	使用輔仁大學統計系所研發之 FJS-CATI 系統，該系	1. 首先向中華電信查詢各縣市電話交換碼，並經常性的更新	1. 經鈴響 8 聲判定為無人接聽（由系統設定）。 2. 遇答錄機、拒答、傳真	不做戶中抽樣，採任意成	不作加權估計。	1. 招募：主要是女性兼職人員（不用工讀生）。 2. 工作時間：6：30～10：00 P.M.。	

中心		統規劃為謝邦昌系主任目前擔任 TVBS 民調中心顧問。	資料。2.電話號碼樣本的產生方式是將抽樣地區交換碼建檔，每個交換碼均產生相同數量之號碼（交換碼+隨機後 4 碼）。通常是先一次產生 4000 個樣本（類似分層抽樣效果），再將號碼分配給訪員。若某個交換碼所佔的比例愈高，訪問結果受訪者所佔的比例也會愈高。	機使用替代樣本（原號碼加減 5）。3.遇忙線、無人接聽由電腦系統自動設定定時再撥號（通常訂為 1 小時）。	人法。		3. 待遇：500～600 元/天。4. 訓練：新進訪員需參加 4 小時的訪員訓練。遇到新的調查，均進行 30 分鐘的國、台語題目講解。	
紅木市場研	30 線	1. 尚未使用 CATI 系統，使用人工撥號、人	根據經驗豐富之督導員對抽樣地區電話號碼之瞭解指定（依系統抽樣	1. 由訪員判斷是否無人接聽（大約鈴響 1-2 分鐘以上）。	依年齡、性別進行戶中	不作加權估計。	1. 招募：工讀生（專科以上）、家庭主婦、兼職。2. 工作時間：	強調以隨機

究顧問公司		工計算。2.訪員將電話號碼記錄表完成交由督導彙整。	方式產生樣本電話，去除尾數2碼)電話號碼樣本的前5碼(交換碼+2碼)，尾數2碼則是以隨機方式產生。	2.遇答錄機、拒答、傳真機使用替代樣本。3.遇忙線、無人接聽、人不對、不方便接聽等情況則待訪員將分配到的電話樣本打完一輪後(約10~12通電話)再追蹤，經追蹤3次無效後則不再重撥。	抽樣。		6：30~10：00 P.M.。3.待遇：論件計酬(時薪約150元)。4.訓練：職前訓練1~2小時。	方式解決抽樣問題。
世新大學民調中心	36線	1.使用人工撥號、人工計算。2.訪員將電話號碼記錄表完成交由督導彙整。3.預計87年7月換裝CATI系統。	以電話號碼簿為抽樣母體，隨機產生電話樣本，然後尾數1-2碼隨機(或是尾數+1)。	1.由訪員判斷是否無人接聽(大約鈴響1分鐘以上)。2.遇答錄機、拒答、傳真機使用替代樣本。3.遇忙線、無人接聽、人不對由訪員不定時重撥。	依家中排行順序、性別做戶中抽樣。	不作加權估計。	1.招募：以世新大學學生為主。2.工作時間：6：30~10：00 P.M.。3.待遇：400元~600元/天(分4級)。4.訓練：訪員都曾修過社會研究方法，只需訪前題目講解即可。	使用特殊之問卷設計模型，經多次選舉預測驗證，皆有很好的結果。

中國時報民調中心	19線	1. 使用和卡來資訊公司合作開發之CATI系統。 2. 此CATI系統已大約運作七年，有汰舊換新之計畫。	以電話號碼簿為抽樣母體，隨機產生之電話號碼，再進行尾數2碼隨機。	1.遇答錄機、拒答、傳真機使用替代樣本。 2.遇忙線、無人接聽則儘可能追蹤。	不做戶中抽樣。	不作加權估計。	1. 招募：以工讀生和家庭主婦為主。 2. 工作時間：6：00～10：00 P.M.。 3. 待遇：500元/天。
聯合報民調中心	35線	民國77年自行研發國內第一套CATI系統。目前仍不斷有更新的版本，而且在台灣、香港都有使用此系統之客戶。	1. 建立各縣市電話資料庫：以各縣市電話簿（住宅部）為母體，以5%的抽取率等距抽取（系統抽樣）。若該縣市抽取電話數≦6000，則補足6000個。每年定期更新電話資料庫。 2. 依縣市別	1. 經鈴響8聲判定為無人接聽（由系統設定）。 2. 遇傳真機不再重撥。 3. 遇拒答由訪員自行判斷是否應立即重撥挽回受訪者。 4.遇答錄機、忙線、無人接聽，第一次由電腦系統自動設定定時再撥號（目前設訂為30～180	一般性調查不進行戶中抽樣。若有需要進行戶中抽樣，則根據合格受訪人數及女性	1. 一般性調查不作加權估計。 2. 加權基礎視實際需要而定，若有加權會在新聞稿中說明。	1. 招募：女性、大專肄（畢）業、國台語流利，通過中心之口試及筆試為訪員。 2. 工作時間：6：15～10：00 P.M.。 3. 待遇：新進（未滿30次）500元/天；一般：600～700元/天；資深：時薪220元。

			進行分層抽樣：各縣市依其佔母體比例從資料庫中隨機抽出電話號碼後，再將尾數1-4碼隨機作為實際撥出之號碼。	分鐘）；若結果不變，CATI於一段時間內自動再撥出最後一次。	人數隨機指定一位受訪者。			
台灣聯亞行銷研究公司 S R T	28線	1. 使用之CATI系是由ACNielsen. SRT集團在馬來西亞研究部門研發。 2. 該系統特色在問卷設計中有勘誤防錯功能。 3. 雖然系統有自動撥號功能，但目前仍採人工	以最新版本電話號碼簿為抽樣名冊進行系統抽樣，產生樣本號碼。	1. 由訪員判斷是否無人接聽（大約鈴響8聲以上）。 2. 遇答錄機、拒答、傳真機放棄該號碼。 3. 遇忙線、無人接聽接聽等情況則隔天追蹤。	視情況決定是否戶中抽樣。若有需要，依家庭抽樣表進行戶中抽樣。	視情況決定是否加權估計。若有需要，依人口數、年齡、性別、地區作加權。	1. 招募：工讀生、女性居多。 2. 工作時間：6：30～10：00 P.M.。 3. 待遇：時薪約90元，外加績效獎金(視完成訪問數決定)。	

		撥號。						
中華徵信所	35線	尚未使用CATI系統，使用人工撥號、人工計算。	1.以最新版本中華電信公司（依地區別分類）所發行之18冊住宅電話號碼簿為抽樣母體（有許多縣市合併發行1本）。2.以系統抽樣產生電話樣本。	1.經鈴響6聲判定為無人接聽。2.遇答錄機、拒答、傳真機使用下一個系統抽樣樣本。3.遇忙線則約半小時後重撥。遇無人接聽則第二天晚上追蹤重撥，如果是訪問期間的最後一天，則放棄此一樣本。	依家中性別、年齡控制受訪者之人口特性。（樣本依主計處所公佈之性別及年齡比例產生）。	不作加權估計。	1.工作時間：6：30～10：00 P.M.。2.待遇：論件（必須完成所有問題之訪問）計酬，約600～800元/天。	
蓋洛普市場調查公司	台北48線、台中24線、高雄21線	使用與超鼎科技公司業經2年共同研發之CATI系統。	1.小區域調查：首先向中華電信查詢調查地區之電話交換碼，電話樣本產生方式為：隨機交換碼+隨	1.經鈴響6聲判定為無人接聽。2.遇拒答、傳真機認定為失敗樣本，不再重撥。3.遇忙線、無人接聽、答錄機、無合	預先將1/2電話樣本指定為男性受訪者，	隨機樣本不作加權估計。	1.招募：主要是工讀生與家庭主婦。2.工作時間：6：30～9：30 P.M.。3.待遇：時薪110～150元。4.職前訓練：新進訪員需參加4	

| | | | 機後4碼。（需過濾部分調查區域以外的樣本）。
2. 大區域調查：依內政部最新人口統計比例決定各縣市樣本數（即分層抽樣），總樣本數為5000，然後以各縣市電話號碼簿為抽樣母體，抽出樣本號碼，再以隨機2碼取代尾數2碼作為實際撥出之號碼。 | 格受訪者等情況，則追蹤3次，仍無效則放棄此樣本。 | 其餘則為女性受訪者。依戶中成人數與該樣本電話尾數2碼指定受訪者。 | | 小時的訪員訓練，內容包括訪問技巧、電腦操作。 | |

表 2-5　國外民調機構使用電話調查現況一覽表

機構名稱	電話號碼樣本抽樣方式	狀況處理（電話追蹤策略）	戶中抽樣	加權估計	備註
CBS / New York Times	1. 依區域碼所涵蓋區域交換碼數（區域規模大小）分為4個層級。 2. 列出每一層所有的交換碼（區域碼+交換碼），然後以系統抽樣方式在該層產生指定數量之交換碼。 3. 交換碼+隨機4碼即是最後撥出號碼，在產生的15000個號碼（無人接聽，追蹤6-7次）約可確定3500個住宅電話，其前8碼（區域碼+交換碼+2碼）稱為一個PSU。將PSU依號碼產生順序分成40組，每次調查依序取一組PSU，其中每個PSU產生1-3個號碼（PSU+2隨機碼）。 4. 上述PSU每年更	1. 遇答錄機、無人接聽在另一時段追蹤（若上班時段發生則在下班時段追蹤，反之亦然）。 2. 遇忙線則10分鐘內追蹤。 3. 遇上述狀況之追蹤次數視調查期間長短而定。以4天期調查為例，大約追蹤6-7次無效則不再追蹤。 4. 遇拒訪，則於稍後由另一訪員追蹤，若仍拒訪則不再追蹤。 5. 其他狀況均不再追蹤。	依戶中成人數（1,2,3,3以上）、女性成人數（0,1,2,3,3以上）以隨機方式指定受訪者。若被指定者不在則後續追蹤。	根據下列5個變數加權：戶中成人數、戶中電話線（號碼）數、分層之四個地區層級之人口普查數／成功樣本數、種族（黑人、非黑人）× 性別 × 年齡 × 教育程度（4 × 4）根據4個問題（最近的選舉是否投票、此次選舉是否投票、對選舉關心程度、最近2年是否有遷移）的12種組合答案，依過去資料分配不同權重。	雖然電話號碼是依地區別分層抽樣，由於成功樣本數受反應率與非住宅戶比率影響，因此仍依此變數加權。每個PSU可以產生100個號碼稱為1個bank。

	新一次（重複步驟 1-3），供應 1 年內所進行之調查。				
Media General / Yankelovich（Survey Sampling, Inc）	1. Survey Sampling, Inc（SSI）將同 1 個 bank（100 組號碼）中有 3 個或 3 個以上的號碼登錄在最新版本住宅電話簿（Donnelly Quality Index）者稱為 1 個 working bank。 2. SSI 將每個交換碼都歸屬到某一郡（county，其中約 70% 交換碼都只落在單一郡，其餘則歸屬在該交換碼登錄比例最高的郡）。 3. 依 FIPS code 的順序將各郡與其對應之 MOS 累加，然後以系統抽樣（定區間抽樣）方式決定樣本落在那一郡。然後將該郡依區域碼、交換碼排序，並按照每一個 bank 在號碼簿登錄的電話	1. 遇無人接聽、答錄機在另一時段進行追蹤（若上班時段發生則下班時段追蹤，反之亦然）。 2. 遇忙線則 15 分鐘後追蹤再撥，若仍忙線則同上述處理方式。 3. 追蹤次數為 5-6 次。 4. 遇拒訪，同上述（第 1 種）處理方式，若仍拒訪則不再追蹤。 5. 其他狀況均不再追蹤。	指定目前在家之成人，最近過生日者為受訪者。	Media General 視情況作不同之加權估計。通常是以性別或種族為權重，有時候兩者同時使用。Yankelovich 考慮下列五種權重：地區別（9 個類別）、性別（2 個類別）、種族（4 個類別）、教育（4 個類別）、婚姻狀況（4 個類別）。	MOS（measure of size）= 號碼簿登錄電話數 × 該郡人數／該郡號碼簿登錄電話數

	數比例使用系統抽樣（區間法）產生抽樣的 bank，將該 bank+隨機 2 碼即是最後的號碼樣本。所有號碼都事先比對過濾資料庫中 1200 萬個商用電話。 4. Media General / Yankelovich 都是 Survey Sampling, Inc.的客戶。			
Chilton / ICR（GENESYS Sampling System）	1. GENESYS Sampling System 將同 1 個 bank（100 組號碼）中有 2 個或 2 個以上的號碼登錄在住宅電話簿者稱為 1 個 working bank。並將這些 working banks（約 173 萬個 bank，可以產生 1 億 7300 萬個電話號碼）依地區別劃分為 20 個類別銷售。 2. Chilton / ICR 向 GENESYS Sampling System 訂購 working banks，將所有	1. 遇無人接聽在另一時段進行追蹤（若上班時段發生則下班時段追蹤,反之亦然）。 2. 遇忙線則 30 分鐘後自動追蹤再撥，若仍忙線則視同無人接聽處理。 3. 追蹤次數以 3 次為原則。 4. 遇拒訪，則不再追蹤。 5. 其他狀況均不再追蹤。	依性別指定最近過生日者（包括在家與不在家之成人）為受訪者。若被指定者不在則後續追蹤。	考慮下列兩種權重： 人口數權重：根據樣本所在地區（分為 18 個類別）給予不同權重。 住戶權重：根據住戶中可對外通話電話線（號碼）數給予不同權重(1線：1；2線以上：0.5）。

	working banks 所對應之電話號碼列成名冊，然後以系統抽樣（定區間抽樣）方式產生樣本。				
Gallup	1. Gallup（蓋洛普）定期向 SSI 購買最新的 working banks 資料，然後將這些 working banks 先依州分層，再依郡分層。（將交換碼歸屬給包含過半數登錄號碼簿者的郡）按照每一郡居住人口比例分配該郡所產生的樣本比例。 2. 當某一郡樣本數決定後，先以隨機抽樣方式從歸屬該郡之 working banks 中抽出相同數量的 banks，然後分別加上隨機 2 碼即是最後的號碼樣本。	1. 遇無人接聽或忙線至少追蹤 2 次。 2. 遇答錄機則值得額外多追蹤 1 次，也就是至少 3 次。 3. 遇拒訪，同上述（第 1 種）處理方式，即至少追蹤 2 次。 4. 其他狀況均不再追蹤。	依 Gallup 所設計的系統選擇（systematic selection system）方式指定在家成人且願意接受訪問者為受訪者。	採兩階段加權：人口統計變數，包括性別、種族、區域、年齡、教育程度。利用兩個矩陣：年齡 × 性別 × 教育程度；區域 × 性別 × 種族給予不同權重。投票傾向權重：根據 9 個問題或變項所得到的 9 分評量（9-point scale）給予權重。	系統選擇方式：先指定目前在家最年輕男性成人，如果沒有男性成人在家，則改指定最年長女性成人；如果男性拒訪則改由女性。
Louis Harris and Associates	1. Harris 也是定期向 SSI 購買最新的 working banks 資料。	1. 電話追蹤策略是在未來 3 天不同的 3 個時段進行追蹤。	指定在家、最年輕且願意接受訪問的成人為受	考慮下列四種權重：a. 年齡（10 個類別）b. 性	MOS（measure of size）＝號碼簿登

	2. 分派每一州的交換碼，並依交換碼對應地區規模大小分為大都會、郊區、鄉村-I、鄉村-II 等 4 層級，因此共分為 196 層（4 層 × 49 州）。 3. Harris 按每一層佔全美住戶比例 × 總樣本數計算出每一層的樣本數。將同一層各郡之 MOS 累加，然後以系統抽樣（定區間抽樣）方式決定抽出的 bank。將該 bank+隨機 2 碼即是最後的號碼樣本。 4. 每個號碼樣本都有 5 個替代（備份）號碼，號碼產生方式是在該號碼所在郡重複上述程序。	2. 若遇忙線則 15 分鐘後追蹤，若仍忙線則同上述處理方式。 3. 遇拒訪，追蹤 3 次以上，若仍拒訪，則使用替代號碼。 4. 其他狀況使用替代號碼。	訪者。如果男性成人均不在家或不願受訪，則改指定最年輕願接受訪問之成年女性。	別（2 個類別）c.種族（3 個類別）d.教育（5 個類別）。 另外，有時候也使用地區變數來平衡樣本。目前也考慮以家中電話線數來加權。 人口數權重：根據樣本所在地區（分為 18 個類別）給予不同權重。 住戶權重：根據住戶中可對外通話電話線（號碼）數給予不同權重（1 線：1；2 線以上：0.5）。	錄電話數 × 該郡人數 / 該郡號碼簿登錄電話數

　　電話調查抽樣方法可概分為名冊抽樣法（List/Directory sampling，Fletcher 1974, Sudman 1973）與隨機撥號法（Random Digit Dialing, RDD）兩類。目前我國民調機構所盛行的電話號碼簿抽樣即是屬於名冊抽樣法。名冊抽樣法雖然具有簡單、方便、高效率等優點，但以台灣地區為例，電話號碼簿約只涵蓋 85%的電話住戶，而其他 15%所代表的正是因為保護隱私的緣故或因最近一年內的遷徙、新增電話等異動因素來不及登錄，而未列名於電話簿，因此樣本的代表性會有偏差（洪永泰 1996，Groves 1978）。

　　隨機撥號法（RDD）是由 Cooper（1964）首先提出，由於所有開放之電話門號都有相同的機會成為樣本，因此沒有名冊抽樣法中的偏差問題，但因為空號和非住家的比率高達 80%以上（黃河 1996, Brick 1995），如何提高撥號效率是一個重要的課題。Waksberg（1978）提出二階段 RDD，稱為 Mitofsky-Waksberg 法，利用住家電話號碼大多集中在某些號碼區間（banks of consecutive numbers）的特性來提高撥號的成功率，是目前美國民調基構最普遍使用的抽樣方法。林佳瑩、陳信木（1996）詳細介紹了多種改進的 RDD 方法，並以南投縣為研究對象，比較這些方法在國內電話調查環境下使用的優劣，關於這些改進 RDD 法的文獻可以參考 Cummings（1979），Burkheimer and Levinsohn（1988），Groves(1990)等。以下我們以四個步驟簡介 Mitofsky-Waksberg 的二階段 RDD 法：

　　Step1.取得在調查地區範圍內所有的區域碼（area code，在台灣通常是二碼，例如大台北地區為 02）與小區碼（prefix，在台灣通常是三碼，例如台北市木柵某一區段為 236）的資料。

　　Step2.電話號碼中區域碼（2 碼）＋小區碼（3 碼）＋任意 2 碼（00,……,99)，共 7 碼，為第一階段抽樣單位（primary sampling unit, PSU），隨機選取一個一階段單位＋隨機 2 碼，成為一個隨機的 9 碼電話號碼。

Step3.假如步驟 2 中的電話是一個住家用電話，則保留該 PSU，並在該 PSU 內繼續產生其他隨機電話號碼，直到在該 PSU 內完成 k＋1 住家電話訪問為止。假如是非住家電話，則放棄該 PSU，回到步驟 2。

Step4.持續步驟 2-3 直到 m 個 PSU 被保留，m(k＋1)個住家電話被選出為止。

在 RDD 法中有兩個可控因子，PSU 的個數 m、每個 PSU 中的訪問的有效電話號碼數 k＋1，會影響電話調查的抽樣程序與結果，亦是本研究有興趣探討的參數之一。

二、電話追蹤策略

如前面所提及，RDD 法是以隨機方式產生電話號碼的，因此無法事先過濾掉其中的非住家電話，平均大約每打五通電話才有一通是住家電話；而且住家電話還有可能因為答錄機、忙線、無人接聽等緣故而成為無效樣本；即使是有效樣本，亦可能因受訪者的拒答而徒勞無功。由此可見每個「完成訪問（complete interview，有效樣本中的成功訪問者）」的寶貴，以及提高抽樣效率的重要性。此外，如果坐視大量的無效樣本會使得樣本結構與母體結構相去甚遠，將嚴重影響到民調結果的可靠度（Voss et.al. 1995, Wiseman & McDonald 1979, O'Neil 1979）。以目前國內民調機構動輒有超過三分之二的無效樣本，這樣的民調結果實在令人不放心。

鍥而不捨的進行電話追蹤（callback）是減少無效樣本的最佳方式，然而如何追蹤、何時追蹤最省時間與金錢是值得研究的課題，相關的文

獻也很豐富，例如 Weeks et. al.（1980），Wigderhous（1981）討論最佳的電話追蹤時間與追蹤次數問題；Politz and Simmons（1949），Wilcox（1977）則是探討第一次電話訪問（first attempt）結果為無人接聽時的電話追蹤策略。

Tuckel & Feinberg（1991）指出美國有 25%以上的答錄機住戶，因此在電話訪問過程中遇到答錄機住戶是非常普遍的情況；Piazza（1993）指出 first attempt 是「答錄機」者，是最有機會被開發的「潛在有效樣本」，因為由實證結果發現：平均答錄機住戶成為有效樣本（或完成訪問）所需打的追蹤電話次數只有其他 first attempt 結果的一半，而且不會因為追蹤次數增加而減少追蹤成功的效率。Xu, Bates, and Schweitzer（1995）進一步指出答錄機使用者的目的可能是為了過濾不必要電話，或是以用協助聯絡，而此二目的的用戶在再撥後成為有效樣本的機率分別有正、負面影響，而答錄機中的訊息內容、訪員是否留下將再撥訪問的訊息、訪員留下之訊息內容、再撥的時間等都會影響到其最後是否會成為一個「完成訪問」的機會。

影響電話追蹤效率的不可控因子有很多，包括抽樣母體的結構（以支持度的調查為例，在所有開放的電話號碼中住家電話的比率、住家電話中母體中拒答者、支持者、反對者的比率等）、first attempt 的邊際機率分配（first attempt 的可能結果包括有效樣本：完成訪問、拒訪；無效樣本：答錄機、忙線、無人接聽；以及其他：非住家電話、空號等機率分配）、first attempt 的條件機率分配（例如 first attempt 是答錄機（或忙線、無人接聽）的情況下，追蹤電話是合作樣本（或拒答、其他情況等）的機率）、成本的結構（例如打電話到非住家（或住家之有效樣本、忙線、答錄機、無人接聽）的單位成本）等。善用 first attempt 的資訊是訂定有效率的電話追蹤策略的主要依據。

　　根據表 2-4 與表 2-5，我們發現無論是電話號碼的產生方式、電話追蹤策略、戶中抽樣或加權估計法，國外民調機構都明顯地比國內作法嚴謹、複雜，然而我們感到極大興趣的兩個問題是：

(一) 國、內外各民調機構的所使用的電話調查方法都不盡相同，是否存在最佳作法，以及最佳作法為何？

(二) 國外作法是否能適用於國內調查環境，效果如何？

　　在解決上述問題之前應先定義何謂最佳，以及如何決定最佳電話調查方法，包括電話號碼的產生方式、電話追蹤策略或加權估計法。

　　假設計目標母體中我們感興趣的參數為已知，而且經費、時間、技術上容許我們不限次數的（如 10000 次）的使用各種電話調查方法重複進行電話訪問與參數估計，然後選擇適當的績效評量值作為比較基礎來決定最佳的電話調查方法。然而在真實世界（real-world）是不可能如此進行，本研究初探性的提出如何結合模擬模式（simulation model）與田口參數設計（Taguchi's parameter design）來解決此一問題。以下是定義本研究計畫引用之田口參數設計的符號及假設，其中 first attempt 為忙線、答錄機與無人接聽的電話追蹤策略是本研究計畫所考慮的可控因子之一，其他參數則列為不可控因子（或稱之為雜音因子（noise factor））。

三、模擬參數設計

　　田口方法（Taguchi method）分為系統設計（system design）、參數設計（parameter design）和允差設計（tolerance design）三個步驟，其中又以參數設計最為重要（Taguchi 1986）。參數設計主要是運用直交表（orthogonal array）有效率的配置實驗，同時以二次品質損失函數（quadratic quality loss function）為基礎所推導出的單一測度：SN-比（signal-to-noise ratio）來分析資料，可以同時權衡精確度與準確度兩個

指標，以找出系統中的最佳因子組合，使得參數估計既精且準（參見 Kackar 1985, Pignatiello and Ramberg 1985, Pignatiello 1988）。

　　在複雜的系統中經常應用模擬方法來求解，特別是當不同因子組合（factor combination）之反應值無法或很難由現場實驗方式取得時。模擬模式（simulation model）是從研究的系統中抽取能夠描述該系統的重要因子，運用數學邏輯與電腦軟體整理成，而這個模式的行為能仿傚所要研究系統的行為。除此之外，在模擬實驗過程中，我們還可以利用虛擬亂數指派策略，增進模擬參數設計的效率，相關文獻詳見 Barton（1992），Song and Su(1996a,b)，蘇建州和桑慧敏(1993, 1996)，Ramberg, Sanchez, Sanchez, and Hollick（1991），Su（1997）等。

　　Waksberg（1978）與 Blair and Bonald（1982）曾分別針對簡單、特定的母體結構提出最佳 RDD 法的解析解。然而這些文獻並沒有考慮電話追蹤策略，也沒有應用穩健設計的概念。承如前言所提及，本研究計畫所考慮的反應值包括調查成本與參數估計之精、準度等表現，而所探討的可控制與不可控因子有很多，而且彼此還可能會有交互作用（interaction），因此解析解幾乎是不可能的。有鑑於田口參數設計與模擬是兩個解決複雜問題的有力方法，因此本研究運用參數設計方法以及大量的模擬實驗為求解的工具。以下是對研究中電話調查的模擬參數設計的定義：

　　(一) 評量值（performance measure）：電話調查的目的是要估計目標母體中的參數，而針對參數估計量（p）的望目特性（target-is-best）SN-比$\eta 1$，以及針對調查成本（c）的望小特性（the-smaller-the- better）SN-比$\eta 2$，是本研究計畫所探討之評量值。關於$\eta 1$ 與$\eta 2$ 的定義與性質可參考 Taguchi（1986）。

　　(二) 可控因子（controllable factors）有兩類型（共 5 個獨立因子）：

1. RDD 電話號碼抽樣方法：PSU 的數目 m、每個 PSU 中的抽樣數目 k。

2. 電話追蹤策略：忙線之電話追蹤策略、答錄機之電話追蹤策略、無人接聽之電話追蹤策略等。

(三) 不可控因子（uncontrollable factors）有四種類型（共 17 個獨立因子）：

1. 抽樣母體的結構：在所有開放的電話號碼中住家電話的比率 p1、住家電話中母體中拒答者比率 q1、支持者 q2、反對者的比率 1-q1-q2；同一個 PSU 的內部相關係數（intraclass correlation），ρ。

2. first attempt 的邊際機率分配：first attempt 的所有可能結果的機率，完成訪問（r1）、拒訪（r2）、答錄機（r3）、忙線（r4）、無人接聽（r5）、空號（r6）、非住家電話（1-r1-r2-r3-r4-r5-r6）。

3. First attempt 的條件機率分配：上一通電話是答錄機 A（或忙線 B、無人接聽 N）的情況下，追蹤電話是完成訪問 S（或拒答 R）的機率，需定義 P(S|A)、P(S|B)、P(S|N)等條件機率。

4. 成本的結構：打電話到非住家的單位成本（c1）、有效樣本的單位成本（c2）、忙線的單位成本（c3）、答錄機的單位成本（c4）、無人接聽的單位成本（c5）。

(四) 直交表實驗（orthogonal array experiment）考慮一個以 a × b 內直交表（inner array）來安排設計點（design point）的模擬實驗，此即電話調查模擬系統中有 b 個可控因子，a 個因子組合（即設計點）所組成。對於每一個設計點，我們可以以外直交表（outer array）安排重覆 c 次模擬實驗，每次的模擬實驗都獲得 n（＝k（m＋1））個有效樣本，並用以計算 pij 與 cij；i

$=1, 2,\cdots\cdots,a, j=1,2,\cdots\cdots,c$；其中 p_{ij} 與 c_{ij} 分別是設計點 I 在第 j 次模擬重覆實驗的參數估計與調查成本。

(五) 再次模式（metamodel）與虛擬亂數指派策略：模擬參數設計可以簡化為兩個以 SN-比為反應值的再次模式（Barton 1992），是利用 Leon, Shoemaker, and Kacker（1987）所提出的兩步驟最佳程序與所謂的「先精後準」原則來求解。桑慧敏、蘇建州（1997）、Su（1997）進一步提出利用虛擬亂數指派策略（pseudo-random number assignment strategy）提高再次模式估計的效率。關於如何利用再次模式估計來闡釋模擬參數設計的結果亦可參考上述文獻，在此不作贅述。

(六) 穩健的電話調查程序：本研究計畫的目的是利用模擬參數設計方法，針對可控因子決定穩健的電話調查程序：包括 RDD 電話號碼抽樣方法中 PSU 的數目與每個 PSU 中的抽樣數目，以及針對 first-attempt 中忙線、答錄機與無人接聽之最佳電話追蹤策略。在此所謂「穩健設計」是指電話調查程序，不會因為不可控因子（抽樣母體的結構、first attempt 的邊際機率分配與條件機率分配、成本的結構等 17 個因子）改變，而有很大的改變。此外，亦可提供應用允差設計（成本的考量）進行敏感度分析（sensitivity analysis）的機會。

第三節　國內外電話調查方法之比較

為了瞭解國內專業調業機構進行電話調查訪問的實際作業情況，本研究計畫訪問國內 12 家知名的調查機構，並且和美國的調查機構的作法進行比較。

　　目前國內外民調中心及市場研究機構都普遍使用電腦輔助電話調查（Computer Assisted Telephone Interviewing, 簡稱 CATI）系統，如 TVBS 民意調查中心、聯合報民意調查中心、中國時報民調中心、政大選舉研究中心、蓋洛普調查公司、福爾摩沙基金會、柏克市場調查及台灣聯亞（SRT）……等。然而 CATI 系統的使用並不保證調查品質的提高，潘仁偉（1997）指出：根據 TVBS、聯合報、中國時報民調中心對 86 年縣市長所公佈的調查預測顯示，結果的準確度大約只有 5-6 成，可以說是跌破這些民調專家的眼鏡。究其原因，除歸咎選情瞬息萬變，而上述民調是在選前 10 天進行（礙於選罷法規定）外，電話調查過程的不夠嚴謹應該也是重要的原因之一。為了瞭解國內業者使用 CATI 與進行電話調查訪問的實際作業情況，本研究計畫訪問國內 12 家知名的調查機構（其中有 3 家拒訪，結果參見表四，內容均與相關單位業經多次面談、電訪、傳真聯繫，以及最後確認），並且和美國的民調機構進行比較（參見表 2-5，是根據 Voss, Gelmen, and King 1995 之論文加以整理）。以下是針對表 2-4、表 2-5 的比較說明：

　　電話號碼資料庫是電話調查抽樣或加權估計的基礎，由於電話號碼資料庫的正確性很重要，必須經常更新與維護以確保結果的精準、可信賴，由表 2-5 可發現這些美國專業調查機構大都向資料公司（如 SSI 購買電話資料），再行利用。目前國內語音科技公司也積極開拓此項業務，相信國內調查機構會逐漸採行這種方式。

　　目前國外所使用的電話號碼抽樣與電話追蹤策略都較國內現行使用的方式為複雜、嚴謹，而國外普遍使用的戶中抽樣與加權估計等作法，在國內仍鮮少使用，這些都值得探究其中原因，並研究其對最後估計結果之影響。

　　另外我們也發現國內調查機構對訪員的招募、敘薪、訓練有一些不同作法，何者對訪員有較佳的績效控制也是值得深入探討的問題。此外，我們也發現我國的調查機構普遍缺乏一套穩健、標準化，能適用於國內特殊環境的電話調查程序。

第四節　結果與討論

　　RDD 是目前電話調查程序中最普遍使用的抽樣方法，電話追蹤策略則是用以提高抽樣效率以及避免系統偏差。本研究計畫所建立的「穩健」電話調查程序，便是以模擬法與田口參數設計為工具，決定 RDD 法中 PSU 的數目與每個 PSU 的訪問戶數的最佳設定值，以及空號、答錄機與無人接聽的最佳電話追蹤策略。

　　在本研究計畫中仍有些重要參數未納入模擬模式中，例如戶中抽樣的方式（避免因戶中成員數與電話數不同，使得每個居民成為受訪者機會不同，可參考 Salmon et. al. 1983, Trodahl & Roy 1964）、加權估計方式（weighting method，依受訪者特徵（如居住地、家中電話數、成員數、教育程度、年紀、性別、種族、投票意願等）加權估計，參考 Gelman & King 1993），以及估計拒答者傾向（參考 O'Neil 1979）等，有待後續研究探討。

　　本研究主要的貢獻是提出仿傚真實世界中電話抽樣、人口特性，以及受訪者行為，構建模擬模式，並與田口參數設計方法結合的初步架構，同時也透過。

參考文獻

林佳瑩、陳信木（1996），「各種電話號碼抽樣方式之比較分析」，調查研究，中央研究院調查研究工作室，p.111-141。

吳統雄（1996），建立調查決策資訊系統：從適域性的角度與實證研究，行政院國家科學委員會專題研究計畫成果報告。

洪永泰（1995），「抽樣調查中樣本代表性的問題」，社會調查分析，中央研究院民族學研究所，p.7-30。

黃河（1996），電話調查抽樣方法，中國統計通訊，7(11)：2-13。

桑慧敏、蘇建州（1997），虛擬亂數指派策略在田口參數設計的應用，中國工業工程期刊，Vol13, No2，p.267-273。

蘇建州、桑慧敏（1993），虛擬亂數指派策略在直交表上的應用：以戰車派遣可靠度模擬模式為例，中國工業工程期刊，Vol10，p.187-193。

Aneshensel, C. S. et. al. (1982), Measuring Depression in Community: Comparison of Telephone and Personal Interviews; Public Opinion Quarterly 46:110-21.

Barton, R.R. (1992), Metamodels for Simulation Input-OutputRelations, Proceedings of the WSC, pp. 289-299.

Brick, J. M., Waksberg, J., Kulp, D., Starer, A. (1995), "Bias in List Assisted Telephone Samples." Public Opinion Quarterly 59: 218-235.

Blair, J. and Ronald, C. (1982), "Locating a Special Population Using Random Digit Dialing." Public Opinion Quarterly 46(4):585-90.

Cochran, W. G. (1977), Sampling Techniques. Third Edition. New York: John Wiley & Sons, Inc.

Cooper, S. (1964), "Random Dialing by Telephone-an Improved Method." Journal of Marketing Research 1(Nov.):45-48.

Cummings, K. M. (1979), "Random Digit Dialing: A Sampling Technique for Telephone Surveys." Public Opinion Quarterly 43(2):233-44.

Fletcher, J. E., and Harry B. Thompson (1974), "Telephone Directory Samples and Random Number Generation." Journal of Broadcasting 18(2):187-191.

Groves, R. M. (1978), "An Empirical Comparisons of Two Telephone Sample Designs." Journal of Marketing Research 15:622-31.

Groves, R. M. (1990), "Theories and Methods of Telephone Surveys." Annual Review of Sociology 16:221-40.

Groves, Robert M.; Nancy A. Mathiowetz (1984), Computer Assisted Telephone Interviewing: Effects on Interviewers and Respondents; Public Opinion Quarterly, 48, 1B, Spring, 356-369.

Groves, Robert M., Paul P. Biemer, Lars E. Lyberg, James T. Massey, William L. Nicholls II, and Joseph Waksberg, eds. (1988), Telephone Survey Methodology. New York: John Wiley & Sons, Inc.

Gunn, Walter J. & Isabelle N. Rhodes (1981), Physician Response Rates to a Telephone Survey: Effects of Monetary Incentive Level; Public Opinion Quarterly 45: 109-15.

Hawkins, Darnell F. (1975), "Estimation of Nonresponse Bias." Sociological Methods and Research 3(4): 461-85.

Kackar, R.N. (1985)., "Off-Line Quality Control, Parameter Design,and the Taguchi Method," Journal of Quality Technology, 17, 176-188

Keeter, S. (1995), "Estimating Telephone Noncoverage Bias with a Telephone Survey." Public Opinion Quarterly 59: 196-217.

Kish, Leslie (1949), "A procedure for objective respondent selection within the household," Journal of the American Statistical Association. 44:380-387.

Klecka, W. R. & A. J. Tuchfaarber (1978), Random Digit Dialing: A Comparison to Personal Survey; Public Opinion Quarterly 42: 105-42.

Kulka, R. A., and Michael F. Weeks. (1988), "Toward the Development of Optimal Calling Protocols for Telephone Surveys: A Conditional Probabilities Approach." Journal of Official Statistics 4: 319-32.

Mood, A.M., Graybill F.A., and Boes, D.C. (1976), Introduction to the Theorey of Statistics, McGraw-Hill Book Company.

Leon,Shoemaker,and Kacker (1987), "Performance Measures Independent of Adjustment: an Explanation and Extension of Taguchi's Signal-to-Noise Ratios," Technometrics, 29, 253-285.

O'Neil, Michael J. (1979), Estimating the Nonresponse Bias Due to Refusals in Telephone Surveys; Public Opinion Quarterly 43:218-388.

Phadke, M.S.(1989), Quality Engineering Using Robust Design, Englewood Cliffs. NJ: Prentice-Hall.

Piazza, T. (1993), Meeting the Challenge of Answering Machines; Public Opinion Quarterly 57: 219-231.

Pignatiello, J.J. (1988),``An Overview of the Strategy and Tactics of Taguchi," IEE Transactions, 20, 247-254.

Politz, Alfred, and Willard Simmons (1949), "An Attempt to Get the 'Not at Homes' into the Sample without Callbacks." Journal of the American Statistical Association 44:9-31.

Pothoff, R. F. (1987), "Generalization of the Mitofsky-Waksberg Technique for Random Digit Dialing." Journal of the American Statistical Association 82: 409-418.

Salmon, C. T., and Nichols, J.S. (1983), "The Next-Birthday Method of Respondent Selection." Public Opinion Quarterly 47: 270-76.

Ramberg, J.S., Sanchez, S.M., Sanchez, P.J. and Hollick, L.J. (1991), Designing Simulation Experiments: Taguchi Methods & Response Surface Metamodels, Proceedings of WSC, pp.167-176.

Schruben, L. W., Sanchez, S.M., Sanchez, P.J., and Czitrom, V.A.(1992),Variance Reallocation in Taguchi's Robust Design Framework, Proceedings of the WSC, 548-556.

Shangraw, Ralph F. Jr. (1986), Telephone Surveying with Computers: Administrative, Methodological and Research Issues; Evaluation and Program Planning; 9, 2, 107-111.

Song, W. T. and Su C. C. (1997), A Three-Class Variance Swapping Technique for Simulation Experiments, Operations Research Letter, Accepted (to appear).

Song, W. T. and Su, C. C. (1996), An Extension of the Multiple-Blocks Strategy on Estimating Simulation Metamodels,IIE Transactions, 28, pp511-519.

Su, C. C. (1997), Taguchi Quality Engineering for Simulation Experiments, submitted to Journal of European Operation research.

Sudman, Seymour. (1973), "The Uses of Telephone Directories for Survey Sampling." Journal of Marketing Research 10:204-207.

Taguchi, G.(1986),Introduction to Quality Engineering, White Plaints, New York: UNIPUB/Krauss Internation.

Terrell, P. M. (1989) "The Trouble with Reaching Answering Machines." Presstime, November 6(1):34-43.

Thornberry, Owen T., and James T. Massey. (1988),   "Trends in United States Telephone Coverage across Time and Subgroups." In Telephone Survey Methodology, pp. 25-49. New York: Wiley.

Trodahl, Verling C. & Roy E. Carter, Jr. (1964),Random Selection of Respondents With Households in Phone Surveys; Journal of Marketing Research 1: 71-6.

Tuckel, Peter S., and Barry M. Feinberg (1991), "The Answering Machine Poses Many Questions for the Telephone Survey Researchers."   Public Opinion Quarterly 55: 200-217.

Tull, Donald S. and Gerald S. Albaum (1977), "Bias in Random Digit Dialed Surveys." Public Opinion Quarterly 41(3): 389-95.

Voss, D. T., Gelman, A., King, G. (1995),   "The Polls-A Review, Preeletion Survey Methodology: Details from Eight Polling Organizations, 1988 and 1992." Public Opinion Quarterly 59: 98-132.

Waksberg, Joseph (1978), "Sampling Methods for Random-Digit Dialing." Journal of the American Statistical Association ,pp. 40-46.

Welch, W.J., Yu, T.K., Kang, S.M. and Sacks, J. (1990), "Computer Experiments for Quality Control by Parameter Design," Journal of Quality Technology, 22, 15-22.

Weber, Ronald E., et. al. (1972),Computer Simulation of State Electorates; Public Opinion Quarterly 36: 549-65.

Weeks, M. F., et. al.(1980), Optimal Times to Contact Sample Households; Public Opinion Quarterly 44: 101-14.

Wigderhous, Gideon (1981), Scheduling Telephone Interviews: A Study of Seasonal Patterns; Public Opinion Quarterly 45: 250-9.

Wilcox, J.B.(1977),The Interaction of Refusal and Not-at-Home Sources of Nonresponse Bias, Journal of Marketing Research,pp 592-97.

Wiseman, F. & McDonald, F. (1979), Noncontact and Refusal Rates in Consumer Telephone Survey; Journal of Marketing Research, 16, 478-84.

Xu, M., Bates, B. J., Schweitzer, J. C. (1993), The Impact of Messages on Survey Participation in Answering Machine Households; Public Opinion Quarterly 57:232-237.

Yankee Group(1988), Telephone Answering Devices: Gaining Consumer Acceptance; Boston: Yankee Group.

第三章　電話調查訪問時段對樣本結構與調查結果影響[1]

　　「民調是很不可靠的東西，白天問，晚上問，男生問，女生問結果都會不一樣。」（對手譏笑；民調又不是在量血壓怎會變來變去），這是1994 年台北市長選舉電視辯論會中兩位候選人針鋒對話的場景。時間回到十二年後的台北市長選舉，民調似乎仍然不可靠。雖然一如選前大部分媒體民調（如中時、聯合報與 TVBS）所預測，郝龍斌先生贏得選舉，然而卻都普遍地大幅高估雙方的差距，顯然是民調實務過程受到非抽樣誤差（或稱為系統性偏差）干擾所致。此外，見諸於媒體的民調大都已針對選區進行事前配置分層抽樣的樣本數，以及在事後針對性別與年齡等變項加權，顯見即使透過配置樣本與加權方式改善樣本結構偏差，仍無法有效解決民調中的系統性偏差問題。有鑑於此，本研究針對 TVBS 民調中心在 2006 年選前所進行的 8 波民調原始資料，其中共計成功訪問 12781 位台北市選民進行實證分析，針對電話調查波次、訪問星期與訪問時段對樣本結構，以及調查結果的影響進行初探性的分析，冀望能有助於瞭解國內電話調查實務中系統性偏差的現況，甚至是能進一步針探其中原因與研擬改善之道。

---

[1]　本章內容亦發表於第七屆調查研究方法與應用研討會，中央研究院調查研究工作室，2007。

第一節　緒論

　　選舉民調是一種很特別的調查研究，因為針對相同目標母體與主題，在相同（近）的調查期間內，會有不同機構進行大量與重覆的調查，這是大多數調查主題的研究所不能及的。此外，候選人的實際得票率或同期間其他機構的調查結果都可以作為檢視民調表現與計算調查誤差的依據，此乃調查技術得以持續進步的重要推力。

表 3-1　2006 年 12 月 6 日台北市長選舉的投票結果

行政區	廢票	投票數	選舉人數	李敖	周玉蔻	謝長廷	宋楚瑜	郝龍斌	柯賜海
總計	9701	1295790	2008434	7795	3372	525869	53281	692085	3687
得票率	0.7%	（投票率：64.5%）		0.6%	0.3%	40.6%	4.1%	53.4%	0.3%
北投區	958	124341	189779	734	337	56034	4722	61093	463
士林區	1143	146421	221946	822	385	70610	5029	67961	471
內湖區	875	125423	192888	690	279	47791	5257	70189	342
南港區	444	55653	85921	337	138	22365	2275	29887	207
松山區	723	101441	157465	553	225	38405	3941	57334	260
信義區	838	115723	180102	746	299	42068	4997	66485	290
中山區	840	107897	172238	637	303	48711	4362	52794	250
大同區	565	63929	98797	314	207	35652	2185	24832	174
中正區	526	75374	118755	473	215	27589	3374	42997	200
萬華區	839	100590	154863	563	324	46339	4424	47822	279
大安區	1005	151479	240483	1028	376	51527	6767	90382	394
文山區	945	127519	195197	898	284	38778	5948	80309	357

　　回顧 2006 年台北市長選舉，各家民調表現如何？相較於在選前民調數字經常被熱烈討論，選後對民調表現的檢討實在太少，然而這些成功或失敗經驗的累積對調查與預測技術的改進卻是相當重要的資產。根

據 TVBS 民調中心在台北市長選舉選前四天（選前最後一波次）的民調報告，其中成功訪問 808 位合格選民，在過濾表態不會去投票的選民（約佔 19%），並針對有投票意願的受訪者的性別、戶籍、年齡結構進行統計加權處理後所公佈的民調結果是：郝龍斌 52%、謝長廷 21%、其他四位候選人 13%，另有 14%的受訪者未決定。（TVBS 2007）然而無論是本研究針對該原始資料（未進行任何加權）的民調（郝龍斌 54%、謝長廷 20%、其他四位候選人 12%、未決定 14%），或是在選前 TVBS 其他波次的民調比較，都與 TVBS 最後波次所公佈的民調節結果差異不大，但卻與最後的選舉結果（如表 3-1，列 3）有極大的差異。事實上，選前嚴重高估郝龍斌與低估謝長廷的民調也出現在許多其他的專業民調機構，而且即使是透過分層抽樣或加權處理也未能有效改善。顯見這些民調技術的確是出了問題，需要診斷與治療。有鑑於此，本研究初探性地整併 TVBS 八波次的選前民調原始資料為例，透過對調查時段、樣本結構、民調結果的交叉分析，冀望有助於瞭解民調中系統性偏差的現況，甚至是能進一步針探其中原因與研擬改善之道。

第二節　原始樣本中未參與受訪者所導致的偏差　　　　　與加權估計

進行電話調查的第一個步驟便是產生電話號碼，在過濾非住宅電話、空號、傳真機等無效號碼後的電話住戶稱為「原始樣本」，理論上必須成功聯繫與訪問「所有」原始樣本，不能有任何替代或遺漏樣本。不幸的是在實務上大約只能成功訪問到 40%的原始樣本（其中約有 30% 拒訪與 30%是所謂的困難聯繫者），而這還不包括成功訪問樣本中 20～30%的未表態選民。民調預測的統計推論基礎只源自大約 30%原始抽取

樣本，這樣的結果必須先確認民調中的「未表態」、「拒訪」與「困難聯繫」受訪者都沒有去投票，或是投票傾向結構與大約佔 30%的成功受訪並表態者相似，否則調查結果會有偏差，究竟這些「遺漏」的原始樣本對民調準備度的影響力有多大？蘇建州（2007）實證探討民調中的非抽樣誤差問題，包括未表態、拒訪、困難聯繫等三類型受訪者對選舉預測的干擾與影響。此外，也針對加權變數的使用對民調結果的影響進行分析，同時也探討選前未表態受訪者的投票行為，以及在選後民調中當選者的得票率會被高估的現象。

　　未參與偏差（non-participation bias）一直是電話調查過程中最困難解決的問題，其中受訪者未參與的原因包括沒有接觸到受訪者（電訪聯繫結果為答錄機、忙線、無人接聽）與拒訪等。如果坐視大量的未參與受訪者將會導致樣本結構與母體結構不同的偏差（Voss et.al. 1995, Wiseman & McDonald 1979, O'Neil 1979）。

　　Weeks et. al.（1980）、Wigderhous（1981）等在研究中指出電話調查效率與訪問時機有關，若無法在聘雇訪員的工作時間順利聯繫受訪者，將會增加調查成本、降低調查準確度，同時分別提出最佳的電話追蹤時間與追蹤次數；Wilcox（1977）提出「第一次電話聯繫」為無人接聽時的最佳電話追蹤策略；Piazza（1993）指出「第一次電話聯繫」為答錄機者，是最有機會被開發的潛在有效樣本。吳統雄（1996）以國內實證資料研究得到以下結論：一天中最佳電話訪問時段（傍晚時段 5：30～10：00），該時段的接通率為其他時段的 3 倍，判定無人接聽的最佳鈴響次數為 6 次，以及最佳的電話追蹤連繫次數為 3 次等，而上述結果與國外的研究結論相似（Wiseman and McDonald 1979）。

　　加權估計法是在樣本結構明顯偏離目標母體結構時，調整樣本結構的重要方法，其中普查的地區、性別、種族、教育程度等人口統計變數

都是常用的加權變數。除此之外，為避免因戶中成員數與電話線數不同，使得每個合格受訪者被抽樣成為受訪者的機率不同（戶中電話線數多或合格受訪者少者有較高的受訪機率，Salmon et al 1983），因此「戶中成員數」與「電話線數」也都是常用的加權變數，此外在選舉調查中也經常會根據受訪者「投票意願」高低給予不同權重加權。加權處理原始資料確實改變特定變數的樣本結構，但是否能如預期改善調查的準確度則仍需視未參與受訪者的型態而定。（蘇建州 1998）

第三節　選舉民調的三種母體：選舉人、實際投票選民、有投票意願選民

　　國內選舉民調普遍都是使用電話調查方式，抽樣母體是可以透過電話接觸到之居住台北市民眾。其中無論是採用隨機撥號法或是源於電話號碼簿的抽樣方法，大都是以「電話住戶」為抽樣的基本單位，而不是以「選民」個人為抽樣單位（除非是在選中電話住戶後進行戶中抽樣，而非一般所謂的任意成人法，直接訪問戶中的接聽電話者），抽樣原則最多也只是確保每組電話號碼有相同被選中的機率。也因此實際的選舉民調誤差來源除了隨機的抽樣誤差外，由於樣本過於偏重電話線多、住戶中投票選民數少者將導致樣本代表性偏差；無法透過電話 reach 之投票選民導致無涵蓋誤差、未能成功聯繫、未表態、拒訪之投票選民的無回應誤差，以及因選民欺瞞或支持意向變動所導致的預測結果偏差都是導致民調誤差的重要來源。

　　本研究針對 2006 年 12 月 9 日所舉行的台北市長選舉，TVBS 民調中心在選前進行的 8 波民調原始資料，其中共計成功訪問 12781 位台北市選民進行實證分析，探討電話調查波次、調查星期、訪問時段對樣本

結構,以及調查結果影響。在本節首先界定在選舉民調中的三種母體,
分別是以選舉人、實際投票選民、有投票意願者為母體的元素。

一、選舉人母體:根據中央選舉委員會的資料顯示(參見表 3-1,
　　欄 4),2006 年台北市長選舉共計有 2008434 位選舉人,此即
　　所謂的合格選民,一般在選舉民調報告中所宣稱的「有效成功
　　樣本」數,包括本研究實證分析的 TVBS 民調即是依此一母體
　　作為計算的基礎。

二、實際投票選民母體:蘇建州(2007)定義理想的民調,將民調
　　的目的定位為選舉預測,其中目標母體指的是 2006 年 12 月 9
　　日(投票日當天)前往投票之台北市籍民眾(N=1,295,790,
　　其中有 692085 位(53.4%)投票給郝龍斌、525869 位(40.6%)
　　投票給謝長廷、68135 位(5.2%)投票給其他四位候選人,9701
　　位(0.7%)投廢票,參見表一,列 2),在選舉人母體中 64.5%
　　的投票選民。一般所謂的出口民調(exit poll)即是直接針對
　　此目標母體,在選民剛完成投票行為後隨即進行抽樣調查訪問。

三、有投票意願選民母體:選舉民調是在選前調查選民在「選舉投
　　票日」當天的可能投票行為與態度。有鑑於通常會有高達三成
　　以上的選民不會去投票,因此選舉民調報告中大都會先從所成
　　功樣本中排除那些表態沒有投票意願的選民,然後再計算各候
　　選人的民調支持度。

本研究係針對 TVBS 八波選前民調所累積的 12781 位設籍台北市、
有投票權的成功受訪者(其中包含在訪問中已明確表態不投票者),因
此研究母體比較接近「選舉人母體」。透過「調查樣本」與「選舉人母
體」在人口特性與選舉結果分佈的比較,並進行樣本結構的適合度與一
致性檢定,以及對民調結果的適合度與一致性的檢定與分析,希望能對

選舉民調所 reach 的樣本結構與調查結果的準確度與精確度現況有進一步瞭解。

第四節　資料分析

　　本研究透過購買 TVBS 民調中心在選前所進行的 8 波民調原始資料，調查執行期間分別是 8 月 28 日至 9 月 1 日、9 月 28 日、10 月 17 日、10 月 30 日至 11 月 1 日、11 月 20 日、11 月 29 日至 12 月 3 日、12 月 4 日至 12 月 5 日，共計成功訪問 12781 位台北市選民進行實證分析。其中調查波次、調查星期與調查時段為研究的自變數，而樣本結構（包括受訪者的性別、年齡、教育程度、政黨傾向、戶籍地、省籍等）分佈與支持（投票對象）為依變數分別進行適合度(效度或準確度)檢定與一致性（信度或精確度）檢定。

　　表 3-2 是調查波次與樣本結構分佈的比較，其中在性別與政黨傾向的卡方檢定 p-值都未達 0.05 的統計顯著水準，顯見不同時段 TVBS 民調所 reach 到的受訪者在上述兩種人口統計分佈具一致性，然而在不同時段所 reach 受訪者的年齡、政黨傾向與戶籍地則有明顯差異，其中政黨傾向會受到選舉議題、事件或選情變化的影響，因此有可能會導致不同波次間的差異，受訪者在戶籍地分配的不穩定應該要透過事前更嚴格的分層配額與控制來改善，而年齡分佈的不穩定則可能是導因於波次間調查情境的不一致，如訪員差異、調查時段或星期的差異等。

　　表 3-1 是調查星期與樣本結構分佈比較，調查星期與所有的人口統計變數分佈的的卡方檢定 p-值都未達 0.05 的統計顯著水準，顯見不同調查星期所 reach 的樣本結構具有一致性與穩定性。

表 3-2　調查波次與樣本結構分佈比較

變數	類別	母體	全體樣本	8/28-9/1	9/28	10/17	10/30-11/1	11/11	11/20	11/29-12/3	12/4-12/5	樣本結構一致性檢定 X^2
性別	男	47.7%	40.4%	39.7%	40.7%	41.1%	39.4%	40.6%	40.8%	40.3%	43.8%	$X^2 = 5.6$ （P 值：0.591）
	女	52.3%	59.6%	60.3%	59.3%	58.9%	60.6%	59.4%	59.2%	59.7%	56.2%	
年齡	20-29歲	18.4%	11.7%	13.7%	8.6%	10.0%	10.6%	12.5%	9.4%	11.4%	12.7%	$X^2 = 64.3$ (***) （P 值：0.000）
	30-39歲	20.4%	18.7%	19.3%	19.8%	18.3%	18.0%	16.7%	17.2%	19.0%	18.6%	
	40-49歲	22.2%	27.8%	28.4%	30.3%	28.5%	27.2%	27.5%	29.5%	26.0%	27.2%	
	50-59歲	19.0%	23.8%	21.7%	24.1%	24.7%	25.1%	22.7%	26.0%	25.2%	23.6%	
	60歲及以上	19.9%	18.0%	16.7%	17.2%	18.4%	19.0%	20.6%	17.8%	18.4%	17.9%	
戶籍	中正區	5.9%	6.1%	5.7%	6.4%	6.1%	6.2%	6.0%	6.8%	6.2%	6.3%	$X^2 = 137.0$ (***) （P 值：0.000）
	萬華區	7.7%	7.3%	6.7%	6.7%	9.4%	7.2%	6.6%	6.6%	7.9%	8.7%	
	大同區	4.9%	4.5%	6.0%	3.0%	3.7%	4.0%	3.2%	2.9%	4.3%	3.9%	
	中山區	8.6%	5.8%	7.2%	5.5%	4.1%	4.8%	5.1%	5.2%	5.9%	5.3%	
	松山區	7.8%	7.0%	7.3%	6.9%	4.9%	6.9%	6.0%	7.3%	7.0%	8.4%	
	信義區	9.0%	8.4%	8.1%	8.9%	8.7%	8.0%	9.3%	7.0%	8.8%	9.0%	
	大安區	12.0%	10.5%	10.5%	11.1%	9.4%	11.6%	11.6%	11.3%	9.3%	11.3%	
	文山區	9.7%	12.6%	11.8%	13.8%	14.2%	12.5%	12.0%	12.2%	13.2%	12.1%	
	士林區	11.0%	12.6%	11.9%	12.3%	12.1%	13.6%	14.0%	14.5%	11.9%	14.1%	

	北投區	9.4%	9.8%	9.1%	10.9%	9.7%	9.3%	11.5%	11.9%	10.1%	7.8%	
	內湖區	9.6%	12.0%	12.2%	11.2%	14.0%	12.4%	11.2%	11.6%	12.2%	9.1%	
	南港區	4.3%	3.4%	3.5%	3.4%	3.7%	3.3%	3.5%	2.8%	3.2%	3.9%	
教育程度	大專及以上	48.0%	59.7%	60.5%	59.0%	57.6%	—	—	—	—	59.5%	$X^2=8.1$ （P 值：0.232）
	高中、高職	52.0%	25.0%	24.9%	26.2%	24.3%	—	—	—	—	24.9%	
	國中及以下		15.2%	14.6%	14.8%	18.1%	—	—	—	—	15.6%	
政黨傾向	泛綠	—	11.1%	10.3%	10.1%	12.2%	11.8%	11.2%	12.1%	11.4%	12.3%	$X^2=28.4$ (**) （P 值：0.013）
	泛藍	—	45.2%	45.2%	41.9%	44.8%	42.7%	46.0%	47.6%	47.3%	43.6%	
	中立	—	43.7%	44.5%	48.0%	43.0%	45.5%	42.8%	40.3%	41.4%	44.2%	
省籍	本省閩南人	—	68.5%	68.3%	68.0%	68.3%	69.6%	—	—	—	67.7%	$X^2=12.7$ （P 值：0.393）
	本省客家人	—	8.9%	8.7%	9.5%	7.7%	8.7%	—	—	—	10.9%	
	外省人	—	21.8%	22.3%	21.5%	23.3%	20.6%	—	—	—	20.3%	
	原住民	—	0.8%	0.6%	1.0%	0.7%	1.0%	—	—	—	1.1%	

表 3-3　調查星期與樣本結構分佈比較

變數	類別	母體	全體樣本	星期一至星期四	星期五	星期六和星期日	樣本結構一致性檢定 X^2
性別	男	47.7%	40.4%	40.2%	41.2%	40.6%	$X^2=0.5$
	女	52.3%	59.6%	59.8%	58.8%	59.4%	（P 值：0.783）
年齡	20-29 歲	18.4%	11.7%	11.4%	12.5%	13.0%	
	30-39 歲	20.4%	18.7%	18.9%	18.9%	17.1%	$X^2=14.0$ (*)
	40-49 歲	22.2%	27.8%	28.2%	26.8%	26.3%	（P 值：0.081）
	50-59 歲	19.0%	23.8%	23.9%	23.4%	23.3%	
	60 歲及以上	19.9%	18.0%	17.6%	18.4%	20.3%	
教育程度	大專及以上	48.0%	59.7%	59.7%	60.5%	－	$X^2=0.2$
	高中、高職	52.0%	25.0%	25.1%	24.5%	－	（P 值：0.924）
	國中及以下		15.2%	15.3%	15.0%	－	
政黨傾向	泛綠	－	11.1%	11.2%	10.8%	11.1%	$X^2=4.3$
	泛藍	－	45.2%	44.8%	45.1%	47.5%	（P 值：0.369）
	中立	－	43.7%	44.0%	44.1%	41.4%	
省籍	本省閩南人	－	68.5%	68.5%	68.0%	－	$X^2=0.6$
	本省客家人	－	8.9%	9.0%	8.5%	－	（P 值：0.906）
	外省人	－	21.8%	21.7%	22.6%	－	
	原住民	－	0.8%	0.8%	0.9%	－	

　　表 3-4 是調查時段與樣本結構分佈比較，其中在性別、教育程度與省籍的的卡方檢定 p-值都未達 0.05 的統計顯著水準，顯見不同波次的 TVBS 民調所 reach 到的受訪者在上述三種人口統計分佈具一致性，然而不同時段所 reach 受訪者的年齡、教育程度與省籍則有明顯差異，其中可以發現在 14：00-18：00（假日）、21：00-23：00 時段進行電訪，明顯地比較容易 reach 到年齡較低（20-29 歲或 30-39 歲）與教育程度較高（高中職、大專以上）的受訪者，這應該與此族群的特殊生活型態，

例如社交與活動力都較其他族群活躍有關，因此如果擔心低年齡層或高教育程度樣本太少，增加上述訪問時段與訪問人力應該會有所改善。此外，相較其他時段，在 22：00-23：00 有相對高比例的外省族群受訪者，由於此時段大多是約訪受訪者，這可能是外省族群比其他族群願意接受約（再）訪的安排有關。

表 3-4　調查時段與樣本結構分佈比較

變數	類別	母體	全體樣本	14：01-18：00	18：01-19：00	19：01-20：00	20：01-21：00	21：01-22：00	22：01-23：00	樣本結構一致性檢定 X^2
性別	男	47.7%	40.4%	40.3%	42.2%	39.3%	40.9%	40.3%	41.9%	$X^2=3.7$
	女	52.3%	59.6%	59.7%	57.8%	60.7%	59.1%	59.7%	58.1%	（P 值：0.598）
年齡	20-29 歲	18.4%	11.7%	13.3%	10.1%	11.6%	11.4%	11.9%	12.4%	
	30-39 歲	20.4%	18.7%	18.0%	17.4%	17.7%	19.2%	19.4%	21.4%	$X^2=41.1$
	40-49 歲	22.2%	27.8%	25.4%	27.2%	27.4%	27.3%	29.7%	26.9%	（**）
	50-59 歲	19.0%	23.8%	24.1%	23.8%	24.3%	23.6%	23.3%	24.4%	（P 值：0.004）
	60 歲及以上	19.9%	18.0%	19.3%	21.5%	18.9%	18.5%	15.7%	14.8%	
教育程度	大專及以上	48.0%	59.7%	－	57.2%	57.7%	61.0%	60.8%	60.0%	
	高中、高職	52.0%	25.0%	－	23.6%	25.3%	23.6%	26.0%	30.0%	$X^2=24.5$（**）（P 值：0.002）
	國中及以下		15.2%	－	19.2%	17.0%	15.4%	13.2%	10.0%	
政黨傾向	泛綠	－	11.1%	11.2%	10.8%	12.1%	10.5%	10.9%	10.9%	$X^2=8.3$
	泛藍	－	45.2%	47.2%	45.6%	44.3%	44.7%	45.6%	46.4%	（P 值：0.599）
	中立	－	43.7%	41.5%	43.6%	43.6%	44.8%	43.5%	42.7%	

省籍	本省閩南人	－	68.5%	－	68.1%	70.1%	68.5%	67.8%	59.1%	X²＝24.0 (**) (P值：0.020)
	本省客家人	－	8.9%	－	9.9%	8.4%	9.5%	8.8%	8.4%	
	外省人	－	21.8%	－	21.1%	21.1%	21.2%	22.4%	30.7%	
	原住民	－	0.8%	－	0.8%	0.4%	0.8%	1.0%	1.8%	

　　表 3-5 是不同調查波次、調查星期、調查時段的調查結果比較，其中所有的卡方檢定 p 值都達到 0.05 的統計顯著水準。其中不同調查波次與不同調查星期間民調結果有明顯差異應該與選情是動態變化有關，此外調查時段與調查結果間的差異雖然達顯著水準，但兩位主要候選人（郝龍斌與謝長廷）在不同時段的民調結果都分別約在 46.7%與 14.4%左右，顯示在這段期間的民調選情變化不大，尚稱穩定。

表 3-5　不同調查波次、調查星期、調查時段的調查結果比較

變數	類別	郝龍斌 (指標)	謝長廷 (指標)	其他候選人 (指標)	未決定 (指標)	不投票／投廢票 (指標)	不知道／拒答 (指標)	調查結果一致性檢定 X²
母體	選舉人數：2,008,434	34.5%	26.2%	3.0%	－	36.3%	－	－
全體樣本	總樣本數：12,781	46.7%	14.4%	11.3%	9.4%	12.7%	5.4%	－
調查波次	8/28-9/1	48.3% (103)	12.0% (83)	8.4% (74)	9.2% (98)	16.1% (127)	6.1 (113)	X²＝254.6 (***) (P值：0.000)
	9/28	49.3% (106)	11.2% (78)	10.8% (96)	12.5% (143)	10.6% (83)	5.6 (104)	
	10/17	41.2% (88)	16.2% (113)	16.7% (148)	8.4% (89)	9.7% (76)	7.7% (143)	

								檢定
	10/30-11/1	44.5% (95)	15.9% (110)	11.9% (105)	11.9% (127)	11.0% (87)	4.7% (87)	
	11/11	44.8% (96)	15.1% (104)	15.6% (138)	9.3% (99)	10.0% (79)	5.2% (96)	
	11/20	45.9% (98)	15.9% (110)	12.9% (114)	10.9% (116)	7.9% (62)	6.5% (120)	
	11/29-12/3	47.3% (101)	16.0% (111)	11.6% (103)	7.9% (84)	13.2% (104)	4.0% (74)	
	12/4-12/5	47.5% (102)	17.5% (122)	10.4% (92)	6.8% (72)	12.6% (99)	5.2% (96)	
調查星期	星期一至星期四	46.7% (100)	14.3% (99)	11.1% (98)	9.7% (103)	12.7% (100)	5.6% (104)	$X^2=25.4$ (***) （P 值：0.005）
	星期五	47.7% (102)	14.5% (101)	10.0% (88)	8.4% (89)	14.6% (115)	4.8% (89)	
	星期六和星期日	45.5% (97)	15.7% (109)	13.9% (123)	8.7% (93)	11.1% (87)	5.1% (94)	
調查時段	14：01-18：00	45.5% (97)	15.7% (109)	13.2% (117)	8.5% (90)	12.0% (94)	5.2% (96)	$X^2=27.5$ （P 值：0.330）
	18：01-19：00	46.3% (99)	15.0% (104)	12.9% (114)	8.5% (90)	12.4% (98)	4.9% (91)	
	19：01-20：00	45.9% (98)	15.2% (106)	11.2% (99)	9.6% (102)	12.5% (98)	5.6% (104)	
	20：01-21：00	47.2% (101)	13.8% (96)	10.8% (96)	9.7% (103)	12.5% (98)	6.0% (111)	
	21：01-22：00	47.1% (101)	13.5% (94)	10.9% (96)	9.7% (103)	13.7% (108)	5.1% (94)	
	22：02-23：00	48.7% (104)	16.5% (115)	10.9% (96)	8.3% (88)	11.5% (91)	4.1% (76)	

　　表 3-6 是樣本結構（包括受訪者的性別、年齡、教育程度、戶籍地等）、調查結果的適合度（效度）檢定，結果都達到 0.05 的顯著性，相

較於母體分佈，調查樣本中的男性、20-29 歲、中山區、高中職及以下等子族群都有明顯的過低抽樣（under-sampling），而女性、40-59 歲、文山區、大專以上等子族群則是明顯有過高抽樣（over-sampling）。雖然在調查實務中會針對上述變數加權，藉以改善樣本結構，進而改善調查的準確度，但效果並不理想。（蘇建州 2000）事實上，也可以將上述母體結構分佈可視為效標效度，作為在選前判斷民調可信度的指標。

表 3-6　樣本結構、調查結果的適合度檢定

變數	類別	母體	全體樣本	差距	卡方值 x^2
		選舉人數：2,008,434	總樣本數：12,781		－
性別	男性	47.7%	40.4%	-7.30%	$x^2 = 273.0$
	女性	52.3%	59.6%	7.30%	
年齡	20-29 歲	18.4%	11.7%	-6.70%	
	30-39 歲	20.4%	18.7%	-1.70%	
	40-49 歲	22.2%	27.8%	5.60%	$x^2 = 688.7$
	50-59 歲	19.0%	23.8%	4.80%	
	60 歲及以上	19.9%	18.0%	-1.90%	
戶籍地	中正區	5.9%	6.1%	0.20%	
	萬華區	7.7%	7.3%	-0.40%	
	大同區	4.9%	4.5%	-0.40%	
	中山區	8.6%	5.8%	-2.80%	
	松山區	7.8%	7.0%	-0.80%	
	信義區	9.0%	8.4%	-0.60%	$x^2 = 407.3$
	大安區	12.0%	10.5%	-1.50%	
	文山區	9.7%	12.6%	2.90%	
	士林區	11.0%	12.6%	1.60%	
	北投區	9.4%	9.8%	0.40%	
	內湖區	9.6%	12.0%	2.40%	
	南港區	4.3%	3.4%	-0.90%	

教育程度	大專及以上	48.0%	59.7%	11.70%	$X^2 = 706.7$
	高中職及以下	52.0%	40.2%	-11.80%	
支持對象	郝龍斌	34.5%	46.7%	12.20%	$X^2 = 6126.6$
	謝長廷	26.2%	14.4%	-11.80%	
	其他候選人	3.0%	11.3%	8.30%	
	未決定	-	9.4%	9.40%	
	不投票／廢票	36.3%	12.7%	-23.60%	
	不知道	-	5.4%	5.40%	

第五節　結論與後續研究

民調是透過科學方法，包括抽樣、問卷設計與統計分析，因此研究者只需透過訪問研究母體中少數具代表性樣本，即可準確（具效度）與精確（具效度）的估計母體中的重要參數，例如預估得票率。然而在實務上，卻經常出現選舉民調與選舉結果迥然不同的窘境，2006 年台北市長選舉民調就是明顯的例子，幾乎所有媒體民調都很不準確。顯見調查程序中的某些步驟有嚴重的系統性偏差問題，如何有效降低系統性偏差對民調結果的干擾應該是值得後續研究探討的課題。

理論上，台灣電話住戶有很高的普及率，因此只要能確保電話住戶樣本抽取的隨機性，應該沒有所謂的未涵蓋誤差（non-coverage error）問題；選舉民調沒有很複雜的問卷設計用語（wording）問題，不致於會有嚴重的測量誤差（measurement error）問題，因此若能 reach 到所有原始抽樣樣本，應該可以透過統計公式事先預估可能的抽樣誤差範圍。據此推論，原始樣本中的未參與受訪者應該是導致樣本結構偏差，以及調查結果偏差的主要來源。如果有適當的加權變數與權值配置可能可以改善樣本結構與調查結果的準確度，但當未參與受訪者的投票行為有特

殊型態（pattern）時，則只靠加權處理是無法完全解決系統性偏差問題。事實上，鍥而不捨的電話追蹤原始抽樣樣本才是改善樣本結構與調查結果的最佳途徑。

然而如何能有效率與有效用地進行電話撥打與電話追蹤？在此提出一個後續研究的構想。假設專業調查機構一年執行 50 個調查專案（每個調查專案有 2000 個原始抽樣電話住戶（已過濾非電話住戶），1000 位成功受訪者），則一年就可以累積 100000 筆受訪者資料的資料庫。建議調查機構可以善用資料庫（包括成功有效樣本與失敗有效樣本），藉以建構適當的變數與編碼，除了本研究的訪問時段、訪問星期外，建議增查（CATI）系統與資料採礦（datamining）技術，建構成智慧型的專家系統。透過此系統的建置，民調工作者將可以根據特定調查主題，在最適當的時間、安排最適當的訪員進行電訪，並可隨時加入新樣本資料來更新系統，相信未來民調準確度與精確度也能隨之改善。加調查主題、訪問地區、訪問月份、訪員性別、訪員年齡、調查結果等變項，並有效地結合電腦輔助電話調

參考文獻

吳統雄（1996），建立調查決策資訊系統：從適域性的角度與實證研究，85 年度行政院國家科學委員會專題研究計畫成果報告。

蘇建州（2007），選舉民調中的非抽樣誤差與加權估計問題，調查研究期刊，Vol. 21，頁 1-22。

蘇建州（2000），電話調查中電話追蹤與加權估計效用之研究－以 2000 年總統選舉在台北市民調為例，民意研究季刊，頁 78-87。

蘇建州（1998），穩健電話調查程序之初探，調查研究期刊，Vol. 6，頁 73-92。

Groves, Robert M. and Nancy A. Mathiowetz (1984), "Computer Assisted Telephone Interviewing: Effects on Interviewers and Respondents." Public Opinion Quarterly 48:356-369.

Klecka, W.R. and A.J. Tuchfaarber (1978), "Random Digit Dialing: A Comparison to Personal Survey." Public Opinion Quarterly 42:105-142.

O'Neil, Michael J. (1979), "Estimating the Nonresponse Bias Due to Refusals in Telephone Surveys." Public Opinion Quarterly 43: 218-388.

Piazza, T. (1993), "Meeting the Challenge of Answering Machines." Public Opinion Quarterly 57:219-231.

TVBS(2007), 台北市長選舉選前四天民調報告，(http://www.tvbs.com.tw/ FILE_DB/DL_DB /yijung/200612/yijung-20061207111624.pdf)

Salmon, C. T., and Nichols, J.S. (1983), "The Method of Respondent Selection." Public Opinion Quarterly, 47:270-76.

Voss, D. T., Gelman, A., and King, G.(1995), "The Polls-A Review, Preeletion Survey Methodology: Details from Eight Polling Organizations, 1988 and 1992." Public Opinion Quarterly 59:98-132.

Weeks, M. F.(1980), "Optimal　Times to Contact Sample Households." Public Opinion Quarterly 44:101-14.

Wigderhous, Gideon (1981), "Scheduling Telephone Interviews: A Study of Seasonal Pattern." Public Opinion Quarterly 4: 250-259.

Wilcox, J.B. (1977), "The Interaction of Refusal and Not-at-Home Sources of Nonresponse Bias." Journal of Marketing Research, 592-97.

Wiseman, F. and McDonald, F. (1979), "Noncontact and Refusal Rates in Consumer Telephone Survey." Journal of Marketing Research 16:478-84.

Xu, M., Bates, B. J., Schweitzer, J. C. (1993), Impact of Messages on Survey Participation in Answering Machine Households, Public Opinion Quarterly, 57:232-237.

第二篇

電話調查的非抽樣誤差問題

第四章 電話追蹤與加權估計效用之研究：以 2000 年總統選舉在台北市民調為例[1]

電話調查的作業程序包括：問卷設計、電話號碼住戶抽樣、戶中抽樣、訪問時機、未完成樣本（即不成功樣本，例如電訪結果為答錄機、忙線、無人接聽、無合格受訪者、拒訪等）之電話追蹤、推估參數（如加權、預測模型等）、訪員管理與績效控制等，其中每個程序的作業都必須是綿密嚴謹的結合，以避免因「偏差」影響到調查準確度。然而減少「偏差」的方法，如電話追蹤與加權估計法等，都可能會犧牲調查的效率，因此如何權衡二者是重要研究課題。此外，相較於一般的調查，選舉民調的優點是我們可以用選舉結果來比較或驗證調查準確度的表現，因此本研究特別以我國 2000 年總統大選在台北市的民調作為實證研究的基礎，探討電話追蹤與不同加權變數的使用對調查準確度的影響效用，以及在電訪過程中使用「接觸率」、「回應率」等指標探討電話追蹤的效率與效用的價值問題。

第一節 緒論

電話調查（telephone survey）具有操作簡便、成本低、所需時間短、訪員效應低（訪員集中、管理容易之故，Groves and Mathiowetz 1984）等優點，因此電話調查已取代面訪成為社會科學中最重要的研究工具（黃河 1996，Klecka & Tuchfarber 1978）。電話調查的作業程序包括：

---

[1] 本章內容亦刊載於民意研究季刊，Vol 214，pp. 78-87，2000.

問卷設計、電話號碼住戶抽樣、戶中抽樣、訪問時機、未完成樣本（即不成功樣本，例如電訪結果為答錄機、忙線、無人接聽、無合格受訪者、拒訪等）之電話追蹤（callback）、推估參數（如加權、預測模型等）、訪員管理與績效控制等，其中每個程序的作業都必須是綿密嚴謹的結合，以避免產生非抽樣誤差（non-sampling error，本研究稱為偏差（bias））。事實上，我們經常會發現不同調查機構在同一時間，針對同一議題的調查結果出現很大的差距，甚至是遠超出合理的抽樣誤差範圍。該如何解讀這樣的現象？顯然地，這些機構的調查作業方式一定不盡相同，且其間必定隱含嚴重的「偏差」的問題。然而由於減少偏差的方法，如電話追蹤（callback）與加權估計（weighting），都可能會犧牲調查的效率，因此如何取捨與評價「減少偏差」與「降低效率」的價值是重要的研究課題。

　　此外，在一般調查研究中，目標母體的待估參數值是無法知道的，也因此調查結果缺少一個可作為監督、比較的基礎。然而選舉預測（得票率）則不然，可以用選舉結果可作為事後驗證調查準確度的目標值，因此每次的選舉就成為調查機構較勁的競技場。同時也是藉由評價調查機構在選舉預測中的表現使得調查技術得以持續的改進，不僅有助於提高選舉預測的品質水準，而且改進後的調查技術也可廣為其它領域所應用。美國國家社會科學研究委員會（Social Science Research Center, SSRC）曾經針對民調界恥辱的 1948 年（Truman 在各家民調普遍不看好的情況下，反而以高於對手 Dewey 5.6%的得票率贏得選舉）舉辦檢討公聽會，並且由 Mosteller et al.（1949）提出八種評量選舉預測準確度方法（accuracy measurement），而這些方法也成為往後 50 年用以評價選舉預測表現的重要工具。

　　本研究以我國 2000 年總統大選在台北市的民調作為實證研究的基礎，探討電話追蹤與不同加權變數的使用對調查準確度的影響效用，以及探討在電訪過程中使用「接觸率」、「回應率」、「接通率」與「拒訪率」等指標評價電話追蹤的效率與效用的問題。本研究結果將有助於未來研究如何在電訪過程中，基於「樣本不等價值」的觀念，以更精細的方式來取捨樣本。

第二節　電話追蹤、加權估計與民調準確度評量

　　「未參與偏差（non-participation bias）」是電話調查過程中最棘手的偏差問題，其中受訪者未參與的原因包括沒有接觸（contact）到受訪者（電訪聯繫結果為答錄機、忙線、無人接聽）與拒訪（refusal）等。如果坐視大量的未參與受訪者將會導致樣本結構與母體結構不同的偏差（Voss et.al. 1995, Wiseman & McDonald 1979, O'Neil 1979），然而鍥而不捨的電話追蹤是提高電話接觸率的最佳方式，而加權估計則是在樣本結構不佳的情況下修正估計值，兩種作法都有助於降低「未參與偏差」對調查結果的影響。至於如何進行電話追蹤與加權方式對降低偏差的效能與效率為最佳，是值得研究的課題，以下相關文獻的整理說明。

　　Weeks et. al.（1980）、Wigderhous（1981）等在研究中指出電話調查效率與訪問時機有關，若無法在聘雇訪員的工作時間順利聯繫受訪者，將會增加調查成本、降低調查準確度，同時分別提出最佳的電話追蹤時間與追蹤次數；Wilcox（1977）提出「第一次電話聯繫（first attempt）」為無人接聽時的最佳電話追蹤策略；Piazza（1993）指出「第一次電話聯繫」為答錄機者，是最有機會被開發的潛在有效樣本。吳統雄（1996）以國內實證資料研究得到以下結論：一天中最佳電話訪問時段（傍晚時

段 5：30-10：00），該時段的接通率為其他時段的 3 倍，判定無人接聽的最佳鈴響次數為 6 次，以及最佳的電話追蹤連繫次數為 3 次等，而上述結果與國外的研究結論相似（Wiseman and McDonald 1979）。

加權估計法是在樣本結構明顯偏離目標母體結構時，調整樣本結構的重要方法，其中普查的地區、性別、種族、教育程度等人口統計變數都是常用的加權變數。除此之外，為避免因戶中成員數與電話線數不同，使得每個合格受訪者被抽樣成為受訪者的機率不同（電話線數多或戶中合格受訪者少的住戶有較高的受訪機率，Salmon et. al. 1983），因此「住戶中成員數」與「電話線數」也都是常用的加權變數，而在選舉調查中也會根據受訪者的「投票意願」高低給予不同權重加權。

Xu, Bates, and Schweitzer（1993）指出接觸率（contact rate）、回應率（response rate）、拒訪率（refusal rate）和電話次數（call attempts）是電話調查中四項重要的觀察指標，其中對相關指標的操作性定義如下：

一、回應率：完成訪問之合格受訪者人數/所有抽樣合格電話住戶。

二、拒訪率：拒訪之合格受訪者人數／與訪員有接觸（對話）之合格受訪者人數。

三、接觸率：與訪員有接觸（對話）之合格受訪者人數／所有抽樣合格電話住戶。

四、電話次數：訪員與合格受訪者有接觸（對話）前電話聯絡的次數，本研究以接通率作為測量指標，其定義為－

接通率：與訪員有接觸（對話）之合格受訪者人數／所有電話聯絡次數。

在民調準確度衡量方法方面，Mosteller et al.（1949）所提出的八種方法間各有其優、缺點與特殊目的考量，本研究只針對其中四種最普遍

為美國媒體與調查機構作為計算標準的方法作探討（亦是 Mitofsky
（1998）所使用四種評量方法），以下是方法的簡述：

方法一：最領先候選人的估計得票率與實際得票率之差異。

方法二：主要政黨候選人的估計相對得票率與實際相對得票率之差異。

方法三：所有候選人估計得票率與實際得票率差異之絕對值平均。

方法四：最領先兩位候選人的估計得票率差距與實際得票率差距之
　　　　差異的絕對值。

其中方法一主要的衡量對象是當選者的得票率；方法二主要是評價
對主要政黨間選情差距的估計表現；方法三的選舉預測目的是平均衡量
對每位個別候選人得票率的估計表現；而方法四則只考慮是否準確預測
出最領先的兩位候選人的選情實力差距。而本研究是參考 Mitofsky
（1998）評比調查機構在 1996 年美國總統選舉民調的表現時，將上述
四種方法所計算的誤差值平均作為準確度評量值的作法。

第三節　研究設計與資料分析

本研究是以台北市電話號碼住戶為抽樣母體，並依 12 個行政區 20
歲以上設籍比例作分層（根據台北市民政局公佈於網站 www.ca.taipei.
gov.tw 之民國 88 年底人口統計資料）。電話號碼的抽樣是採取 Waksberg
（1978）所提出的二階段 RDD 法，其中 12 個行政區所使用的交換碼之
取得是以台北市 1467 個投開票所電話近似分類得來（如表 4-3），而在
每個成功的 PSU 內完成 3 個住宅電話。此外，本研究訂定的電話追蹤
策略如下：

一、若確定所選取的電話號碼為非住家電話或傳真機則不再追蹤。

二、若電話聯絡結果為無人接聽或答錄機則另選時段再重撥該電話（如日間電話改為夜間追蹤，夜間電話則改為日間追蹤）。

三、若電話聯絡結果為忙線中則隔 10 分鐘後再重撥該電話，若經追蹤後的結果仍無法接觸受訪者，則另選時段再追蹤。

四、業經四次電話追蹤仍無法接觸到受訪者則在同一交換碼下，隨機產生另一個電話號碼替換。

本研究的調查時間是在民國 89 年 1 月 1 日至 3 月 5 日進行，樣本的電話追蹤與聯絡結果分佈如表一。本次調查共計抽出 4541 個電話號碼，其中至少有 2542 個（56%）電話號碼為非住家電話或傳真機。而在 1295 個成功受訪的樣本中，有 1073 個樣本是在第一次電話聯絡就完成的訪問，而另有 222 個樣本是業經 1-4 次電話追蹤才成功訪問到受訪者。本研究的回應率、拒訪率、接觸率與接通率計算是採用第二節的定義，其中回應率、拒訪率、接觸率與「未參與偏差」的程度有關，而接通率則是代表調查效率的指標。

由表 4-1，拒訪率平均 27.8%並未因為追蹤次數增加而有明顯變化，回應率與接觸率則明顯隨著追蹤次數增加而降低，亦即電話追蹤次數增加會減少其對降低「未參與偏差」的貢獻度。此外，我們也發現第一次聯絡電話樣本的接通率為 25.1%低於第一次電話追蹤樣本的 34.1%，而高於第 2-4 次電話追蹤樣本之接通率。這可能是由於這 413 個第一次電話追蹤樣本（已過濾 2520 個非住家電話）大都是住家電話，因而有較高的接通率，然而在追蹤次數增加後仍無法完成訪問之電話樣本具有比一般樣本「不易接觸」的屬性，因此第 2-4 次電話追蹤樣本的接通率遞減是合理的結果。而根據上述資料分析的結論是：針對第一次聯絡的未完成樣本進行第一次電話追蹤是有價值的，因為不但可以降低偏差，而且其接通率也高於重新產生新電話號碼的接通率。至於繼續進行電話

追蹤是否有價值則必須視降低偏差貢獻度的減少與接通率降低的速度而定。

表 4-1　樣本之電話追蹤與聯絡結果分佈

	第一次聯絡	第一次追蹤	第二次追蹤	第三次追蹤	第四次追蹤	總計
完成訪問	1073	139	49	22	12	1295
答錄機	26	21	16	13	10	86
忙線	83	40	26	16	13	178
無人接聽	322	154	105	84	75	740
中途拒訪	65	8	2	3	0	78
拒訪	452	51	14	8	3	528
電話住戶總計	2021	413	212	146	113	2905
非電話住戶	2520	18	3	1	0	2542
回應率	0.531	0.337	0.231	0.151	0.106	0.446
拒訪率	0.284	0.258	0.215	0.242	0.2	0.278
接觸率	0.563	0.356	0.241	0.171	0.106	0.473
接通率	0.251	0.341	0.237	0.17	0.106	0.252

此外，本研究根據第二節所定義的四種準確度評量方法計算電話追蹤、不同加權變數使用下之民調誤差值，並根據四種方法的平均誤差值作評比與排名，結果參見表 4-2。針對相同的加權方法作比較：全部樣本（亦即含追蹤成功樣本共計 1295 個樣本）大都比不含追蹤樣本（亦即只考慮第一次聯絡就成功訪問的 1073 個樣本）的準確度評量表現為佳。此外，有趣的是這些不含追蹤樣本的估計結果大都是擴大高估連戰的得票率，這應該是第一次聯絡就成功訪問的樣本具有年長、保守、活動力弱、傾向戶內活動等與連戰的支持者較接近的屬性，因而產生上述

型態的偏差。至於在加權變數的表現方面，以「家中投票權數」的效用
最顯著，其次為「家中電話線數」、「投票意願」、「年齡」與「性別」，
有趣的是前三名都是根據問卷所蒐集的受訪者資訊給予不同權重加
權，後兩名的加權變數則是利用台北市民政局所提供的人口統計資料
加權。

表 4-2　電話追蹤、不同加權變數使用下之準確度評量與排名

加權變數	樣本條件	連戰	陳水扁	宋楚瑜	方法一	方法二	方法三	方法四	平均	排名
投票意願	不含追蹤樣本	24.2	33.6	42.2	4.3	5.1	2.9	6.4	4.7	12
	全部樣本	23.3	35.2	41.5	2.7	3.1	1.8	4.1	2.93	4
家中投票權數	不含追蹤樣本	24.8	35.3	40.0	2.7	4.6	1.9	2.5	2.90	3
	全部樣本	23.2	36.7	40.0	1.3	2.0	0.8	1.2	1.3	1
家中電話線數	不含追蹤樣本	24.1	34.1	41.8	3.8	4.7	2.5	5.5	4.1	9
	全部樣本	23.1	35.3	41.6	2.6	2.8	1.7	4.1	2.8	2
年齡	不含追蹤樣本	24.1	34.7	41.3	3.2	4.2	2.2	4.4	3.51	6
	全部樣本	25.8	33.9	40.4	4.1	6.5	2.7	4.3	4.4	10
性別	不含追蹤樣本	26.1	32.2	41.8	5.7	8.0	3.8	7.4	6.2	13
	全部樣本	25.4	33.7	41.0	4.2	6.3	2.8	5.1	4.6	11
平均值	不含追蹤樣本	24.4	34.2	41.4	3.7	5.0	2.5	5.0	4.0	8
	全部樣本	25.4	34.6	40.0	3.3	5.6	2.3	3.1	3.6	7
不加權	不含追蹤樣本	28.6	29.6	41.8	8.4	12.5	5.6	10.1	9.1	14
	全部樣本	24.7	34.7	40.7	3.2	4.8	2.2	3.8	3.49	5
實際得票率		22.0	37.9	40.1						

第四節　結論

　　近年來，國內因為調查數字引起的爭議事件頻頻，民國 89 年就有中視董事長鄭淑敏譴責 A.C.尼爾森的收視率調查不專業，因而呼籲各界一起將 A.C.尼爾森趕出台灣；自由時報控告天下雜誌撰文質疑其「閱報率」第一的調查結果，被法院裁定為敗訴；而 2000 年總統大選前夕，台北市長馬英九也因引用民調數字呼籲選民「棄宋保連」，選舉結果卻是宋的得票率遠比連多出 13.74%，而遭憤怒民眾投擲雞蛋。檢視這些爭端的肇因乃是調查方法中存在著嚴重的偏差，以及缺少具公信力的準確度評量方法來衡量調查結果的績效表現，因此「偏差」與「調查準確度衡量」成為重要的研究主題。有鑑於此，本研究以我國 2000 年總統大選在台北市的民調作實證的研究，並採用 Mitofsky（1998）所使用的準確度評量方法來衡量電話追蹤與不同加權變數的使用對調查準確度的影響效用。此外，本研究也藉由探討「電話追蹤次數」與「接觸率」、「回應率」、「接通率」、「拒訪率」等指標的關聯性評價電話追蹤的效率與效用的價值問題。本研究結果將有助於在未來研究中，基於「樣本不等價值」的觀念，以更精細的方式來取捨樣本。

參考文獻

吳統雄（1996），建立調查決策資訊系統：從適域性的角度與實證研究，
　　85 年度行政院國家科學委員會專題研究計畫成果報告。
黃河（1996），電話調查抽樣方法，中國統計通訊，7(11)，p.p.2-13。
Groves, Robert M. and Nancy A. Mathiowetz(1984), "Computer Assisted
　　Telephone Interviewing: Effects on Interviewers and Respondents." Public
　　Opinion Quarterly 48:356-369.

Klecka, W.R. and A.J. Tuchfaarber(1978), "Random Digit Dialing: A Comparison to Personal Survey." Public Opinion Quarterly 42:105-142.

Mitofsky, Warren J.(1998), "Was 1996 a Worse Year for Polls than 1948?" Public Opinion Quarterly 62: 230-249.

Mosterller, Frederick, Herbert Hyman Philip J. McCarthy, Eli S. Marks, and David B. Truman(1949), The Pre-election Polls of 1948. New York: Social Science Research Council.

O'Neil, Michael J.(1979), "Estimating the Nonresponse Bias Due to Refusals in Telephone Surveys." Public Opinion Quarterly 43: 218-388.

Piazza, T.(1993), "Meeting the Challenge of Answering Machines." Public Opinion Quarterly 57:219-231.

Salmon, C. T., and Nichols, J.S.(1983), "The Next-Birthday Method of Respondent Selection." Public Opinion Quarterly, 47:270-76.

Voss, D. T., Gelman, A., and King, G.(1995), "The Polls-A Review, Preeletion Survey Methodology: Details from Eight Polling Organizations, 1988 and 1992." Public Opinion Quarterly 59:98-132.

Waksberg, Joseph(1978), "Sampling Methods for Random-Digit Dialing." Journal of American Statistical Association, 40-46.

Weeks, M. F.(1980), "Optimal Times to Contact Sample Households." Public Opinion Quarterly 44:101-14.

Wigderhous, Gideon(1981), "Scheduling Telephone Interviews: A Study of Seasonal Pattern." Public Opinion Quarterly 4: 250-259.

Wilcox, J.B.(1977), "The Interaction of Refusal and Not-at-Home Sources of Nonresponse Bias." Journal of Marketing Research, 592-97.

Wiseman, F. and McDonald, F.(1979), "Noncontact and Refusal Rates in Consumer Telephone Survey." Journal of Marketing Research 16:478-84.

Xu, M., Bates, B. J., Schweitzer, J. C. (1993), The Impact of Messages on Survey Participation in Answering Machine Households; Public Opinion Quarterly 57:232-237.

表 4-3　台北市行政區電話交換碼

行政區	交換碼					
北投	2821	2822	2823	2826	2827	2836
	2858	2861	2871	2872	2874	2875
	2891	2892	2893	2894	2895	2897
士林		2585	2591	2595	2596	
	2831	2832	2833	2835	2836	2837
	2810	2811	2812	2813	2816	2841
		2861	2871	2872	2874	
		2880	2881	2882	2883	
大同	2535	2550	2552	2553	2555	2556
	2557	2558	2559	2585	2586	2587
	2591	2592	2594	2595	2596	2597
			2598			
中山	2500	2501	2502	2503	2504	2505
	2507	2509	2511	2517	2521	2522
	2523	2532	2533	2537	2541	2542
	2543	2551	2554	2561	2562	2563
	2567	2571	2581	2591	2592	2593
	2595	2596	2597	2713	2721	2741
			2771	2781		
松山	2528	2545	2570	2577	2578	2579
	2712	2713	2715	2719	2721	2741
	2748	2749	2751	2760	2761	2762
	2763	2764	2765	2766	2767	2768
內湖	2631	2632	2633	2657	2658	2790
	2791	2792	2793	2794	2796	2797
			2798	2799		
萬華	2301	2302	2303	2304	2305	2306
	2307	2308	2309	2311	2314	2331
	2332	2336	2337	2361	2371	2375
			2381	2382		

中正	2301	2302	2303	2305	2307	2309
	2311	2321	2341	2348	2351	2357
	2361	2364	2365	2367	2368	2369
	2371	2382	2391	2392	2393	2394
			2395	2396		
大安	2321	2325	2341	2343	2351	2357
	2362	2363	2364	2366	2377	2378
	2391	2392	2393	2701	2702	2703
	2704	2705	2706	2707	2708	2709
	2711	2721	2731	2732	2733	2734
	2735	2736	2737	2738	2741	2751
	2752	2754	2755	2758	2772	2773
			2775	2776	2778	2781
信義	2720	2722	2723	2726	2727	2728
	2729	2732	2733	2735	2737	2738
	2758	2760	2761	2762	2763	2764
	2765	2766	2767	2768	2769	8787
南港			2651			
	2726	2782	2783	2785	2786	2788
文山		2230	2236	2239	2320	
	2930	2931	2932	2933	2934	2935
	2936	2937	2938	2939	8663	

第五章　電話追蹤與加權估計效用之研究：
以 2004 年總統選舉民調為例[1]

　　透過媒體的報導與傳播，應該大多數的人都會注意到不同調查機構，在相同或接近的調查期間內，針對相同調查母體和主題的民調結果可能會有很大的差異，而通常的解讀是歸咎於機構（立場）效應，或是因為調查機構使用不同的抽樣方法、題目設計所造成。然而，卻很少有人注意到即使是源自同一個原始資料的民調結果，也會因為採用不同的加權變數組合、不同的編碼依據或是否納入電話追蹤樣本而可能會有很大的差異，應該相信那種方式所計算的民調結果？在宣稱民調是一種科學方法前，必須先解決上述的技術問題。

　　本研究以 2004 年總統大選的民調為例，透過直交表的實驗設計配置與分析，實証探討電話追蹤與加權估計的效用問題。然而有鑑於選前一天發生的總統、副總統遭槍擊事件對選舉結果產生未知的干擾，因此本研究無法對何種加權變數組合，以及是否進行電話追蹤提出具體的結論與建議，而是針對它們對原始樣本結構所造成的修正效果，以及對民調結果的影響效用進行分析。研究結果發現同一原始民調資料在經過不同方式的資料處理（加權、編碼、過濾）後，雙方差距可能會從領先 7.8 個百分點變成落後 2.1 個百分點，其中「戶籍地區」與「性別」的加權與否對民調結果並沒有顯著的影響，使用「戶中電話線數」與「受訪合作態度」作為加權變數，或是「納入電話追蹤樣本」、「以受訪者回應編碼」的作法都會顯著增加連宋的支持度，而使用「年齡」、「戶中投票人

---

[1] 本章內容亦刊載於第五屆調查研究方法與應用學術研討會，中央研究院調查研究工作室，2004。

數」、「投票意願」作為加權變數，或是「不納入電話追蹤樣本」、「以訪員判斷編碼」的作法則是顯著增加了陳呂的支持度。

第一節　緒論

　　電話調查具有操作簡便、成本低、所需時間短、訪員效應低（訪員集中、管理容易之故，Groves and Mathiowetz 1984）等優點，因此電話調查已成為社會科學中的主要研究工具（黃河 1996，Klecka & Tuchfarber 1978）。電話調查的作業程序包括：問卷設計、電話號碼住戶抽樣、戶中抽樣、訪問時機、未完成樣本（即不成功樣本，例如電訪結果為答錄機、忙線、無人接聽、無合格受訪者、拒訪等）之電話追蹤（callback）、推估參數（如加權）、預測模型、訪員管理與績效控制等，其中每個程序的作業都必須是綿密嚴謹的結合，以避免產生非抽樣誤差（non-sampling error，即系統性的偏差（bias））。事實上，我們經常會發現不同調查機構，在相同或接近的調查期間內，針對相同調查母體和主題的民調結果間有很大的差異，而通常的解讀是歸咎於機構（立場）效應，或是因為調查機構使用不同的抽樣方法、題目設計所造成。除此之外，即使是源自同一個原始資料的民調結果，也會因為採用不同的加權變數組合、不同的編碼依據或是否納入電話追蹤樣本而可能會有很大的差異。然而應該採用那種方式所計算的民調結果？這是一個值得學術、實務領域進一步深究的重要課題。

　　由於調查作業程序中的每一個步驟都可能隱含著嚴重的「偏差」的問題，也因此調查機構會在資料蒐集的過程與完成階段檢視樣本的結構，而其中電話追蹤（callback）與加權估計（weighting）都是在樣本結構有偏差時的補救作法。然而上述的作法卻也有可能同時犧牲了調查

的效率或預測值的精確度，因此如何取捨與評價「減少偏差」與「降低效率」、「降低精確度」的價值是一個重要的研究課題（蘇建州 2000）。本研究以 2004 年總統大選的民調作為實證研究的基礎，透過直交表的實驗設計配置與分析，探討電話追蹤與加權估計的效用問題。然而有鑑於選前一天的總統、副總統遭槍擊事件對選舉結果產生未知的干擾，因此本研究並未對何種加權變數組合，以及是否進行電話追蹤提出具體的結論與建議，而是針對它們的使用對原始樣本結構所造成的修正效果，以及對選舉民調與預測結果的影響效用進行研究。

第二節　加權估計與電話追蹤

「根據 TVBS 民意調查中心的調查結果，扁呂配最新支持度為 36%，連宋配為 44%，雙方差距 8 個百分點（36%：44%）。但如果將中途拒訪而有表態支持度對象的樣本納入，則扁呂配支持度為 35%，連宋配為 40%，未表態選民 25%，雙方差距 5 個百分點（35%：40%）。」（TVBS 2004a）

「根據 TVBS 民意調查中心的調查結果，支持度的分析採用內政部人口統計資料，依據母體的性別、年齡及教育程度進行加權處理，扁呂配最新支持度為 36%，連宋配為 40%，雙方差距 4 個百分點，兩陣營支持度差距不斷的拉近，未表態比例為 24%，對選情影響仍然相當大。如果是以性別及年齡加權，而未加權教育程度，則兩陣營支持度為扁呂配 35%，連宋配 42%，雙方差距 7 個百分點。」（TVBS 2004b）

上述兩則民調結果分別是轉載自 TVBS 民調中心在 2004 年總統選舉日前公佈的最後兩波的民調報告。其中在第一則報告中，受眾（民調報告的讀者）必須自行判斷雙方的差距是 8 個百分點或是 5 個百分點，同樣的受眾也必須自行判斷在第二則民調報告中，雙方的差距是 4 個百

分點或是 7 個百分點。本研究對這樣的現象提出兩個特別的觀察和解讀。一是訝異於專業的民調工作者對於該使用那些加權變數組合或該納入那些條件的受訪者居然會沒有定見,因此在難以取捨又不願孤注一擲的情況下,只好模糊地同時公布兩組計算方式的民調結果;另一個則是訝異於同一個原始資料的民調結果,居然會因為採用不同的加權變數組合或過濾樣本的機制而有明顯的差異,我們該採信那一種方式所計算的民調結果?。因此,接續的研究問題是如何選擇最佳(適)的作法,使得民調結果會有比較小的偏差、較高的精準度或是最小的均方誤(Mean Square Error, MSE=(偏差)^2+變異數)?由於過去國內相關的基礎或應用研究不多,因此本研究初探性的以 2004 年總統選舉民調為例,期望能藉以窺探加權估計與電話追蹤對民調結果的影響效用問題,也期望能有助於相關的後續研究。

在電話調查過程中最棘手的偏差問題就是「未參與偏差(non-participation bias)」,其中受訪者未參與的原因包括沒有接觸(contact)到受訪者(電訪聯繫結果為答錄機、忙線、無人接聽)與拒訪(refusal)等。如果坐視大量的未參與受訪者將會導致樣本結構與母體結構不同的偏差(Voss et.al. 1995,Wiseman & McDonald 1979,O'Neil 1979,蘇建州 2002),然而鍥而不捨的電話追蹤是提高電話接觸率的最佳方式,而加權估計則是在樣本結構不佳的情況下修正估計值,兩種作法都有助於降低「未參與偏差」對調查結果的影響。至於如何進行電話追蹤與加權方式對降低偏差的效能與效率為最佳,是值得研究的課題,以下相關文獻的整理說明。

加權估計法是在樣本結構明顯偏離目標母體結構時,調整樣本結構的重要方法,其中普查的居住地區、性別、種族(省籍)、教育程度等人口統計變數都是常用的加權變數。除此之外,為避免因戶中成員數與

電話線數不同，使得並非每個合格受訪者被抽樣成為樣本的機率都相同（戶中電話線數多或合格受訪者少的人會有較高的受訪機率，因此要降低他們的權重，Salmon et. al. 1983），因此「住戶中成員數」與「電話線數」也都是常用的加權變數，而在選舉調查中我們關心的母體應是投票日當天會去投票的公民，而不是所有有投票權的公民，因此也會根據受訪者的「投票意願」高低給予不同權重加權（投票意願（可能性）愈高者給予愈高的權重）。

關於電話追蹤的文獻方面，Weeks et. al.（1980）、Wigderhous（1981）等在研究中指出電話調查效率與訪問時機有關，若無法在聘雇訪員的工作時間順利聯繫受訪者，將會增加調查成本、降低調查準確度，同時分別提出最佳的電話追蹤時間與追蹤次數；Wilcox（1977）提出「第一次電話聯繫（first attempt）」為無人接聽時的最佳電話追蹤策略；Piazza（1993）指出「第一次電話聯繫」為答錄機者，是最有機會被開發的潛在有效樣本。吳統雄（1996）以國內實證資料研究得到以下結論：一天中最佳電話訪問時段（傍晚時段 5：30-10：00），該時段的接通率為其他時段的 3 倍，判定無人接聽的最佳鈴響次數為 6 次，以及最佳的電話追蹤連繫次數為 3 次等，而上述結果與國外的研究結論相似（Wiseman and McDonald 1979）。

蘇建州（1998）整理美國重要民調機構，包括 CBS / New York Times，Media General / Yankelovich，Chilton / ICR, Gallup，和 Louis Harris 在 1996 年美國總統選舉民調所使用的加權計與電話追蹤方法，如表 5-1。這些機構都有各自獨特的加權估計方法與電話追蹤策略。蘇建州（2000）以 2000 年總統大選在台北市的民調作實證的研究，並採用 Mitofsky（1998）所使用的準確度評量方法來衡量電話追蹤與不同加權變數的使用對調查準確度的影響效用。結果發現第一次聯絡的未完成樣

本進行第一次電話追蹤是有價值的，因為不但可以降低偏差，而且其接通率也高於重新產生新電話號碼的接通率，至於繼續進行電話追蹤是否有價值則必須視降低偏差貢獻度的減少與接通率降低的速度而定。也因此，該研究提出所謂的「樣本不等價值」的觀念，建議可以使用更精細的方式作為樣本過濾與取捨的條件。此外，該研究也發現全部樣本大都比不含追蹤樣本（亦即只考慮第一次聯絡就成功訪問的樣本）的準確度評量表現為佳，而這些不含追蹤樣本的估計結果大都是擴大對連戰得票率的高估，這結果有可能是因為第一次聯絡就成功訪問的樣本具有年長、保守、活動力弱、傾向戶內活動等與連戰的支持者較接近的屬性，因而產生上述型態的偏差，不過仍有待更嚴謹的後續研究確認。至於在加權變數的表現方面，該研究發現以「家中投票權數」的效用最顯著，其次為「家中電話線數」、「投票意願」、「年齡」與「性別」，而有趣的是根據受訪者提供資訊的變數都比官方（台北市民政局）資料的變數有加權效用。

表 5-1　美國民調機構在 1996 年美國總統大選民調使用的
電話追蹤策略與加權估計法

機構名稱	電話追蹤策略	加權估計
CBS / New York Times	1. 遇答錄機、無人接聽在另一時段追蹤（若上班時段發生則在下班時段追蹤，反之亦然）。 2. 遇忙線則 10 分鐘內追蹤。 3. 遇上述狀況之追蹤次數視調查期間長短而定。以 4 天期調查為例，大約追蹤 6～7 次無效則不再追蹤。	根據下列 5 個變數加權： 1. 戶中成人數 2. 戶中電話線（號碼）數 3. 分層之四個地區層級之人口普查數／成功樣本數 4. 種族（黑人、非黑人）× 性別 5. 年齡 × 教育程度（4 × 4） 根據 4 個問題（最近的選舉是否投

	4. 遇拒訪，則於稍後由另一訪員追蹤，若仍拒訪則不再追蹤。 5. 其他狀況均不再追蹤。	票、此次選舉是否投票、對選舉關心程度、最近 2 年是否有遷移）的 12 種組合答案，依過去資料分配不同權重。
Media General / Yankelovich (Survey Sampling, Inc)	1. 遇無人接聽、答錄機在另一時段進行追蹤（若上班時段發生則下班時段追蹤，反之亦然）。 2. 遇忙線則 15 分鐘後追蹤再撥，若仍忙線則同上述處理方式。 3. 追蹤次數為 5～6 次。 4. 遇拒訪，同上述（第 1 種）處理方式，若仍拒訪則不再追蹤。 5. 其他狀況均不再追蹤。	Media General 視情況作不同之加權估計。通常是以性別或種族為權重，有時候兩者同時使用。 Yankelovich 考慮下列五種權重： 1. 地區別（9 個類別） 2. 性別（2 個類別） 3. 種族（4 個類別） 4. 教育（4 個類別） 5. 婚姻狀況（4 個類別）
Chilton / ICR (GENESYS Sampling System)	1. 遇無人接聽在另一時段進行追蹤（若上班時段發生則下班時段追蹤，反之亦然）。 2. 遇忙線則 30 分鐘後自動追蹤再撥，若仍忙線則視同無人接聽處理。 3. 追蹤次數以 3 次為原則。 4. 遇拒訪，則不再追蹤。 5. 其他狀況均不再追蹤。	考慮下列兩種權重： 1. 人口數權重：根據樣本所在地區（分為 18 個類別）給予不同權重。 2. 住戶權重：根據住戶中可對外通話電話線（號碼）數給予不同權重（1 線：1；2 線以上：0.5）。
Gallup	1. 遇無人接聽或忙線至少追蹤 2 次。 2. 遇答錄機則值得額外多追蹤 1 次，也就是至少 3 次。 3. 遇拒訪，同上述（第 1 種）處理方式，即至少追蹤 2 次。 4. 其他狀況均不再追蹤。	採兩階段加權： 1. 人口統計變數，包括性別、種族、區域、年齡、教育程度。利用兩個矩陣：年齡 × 性別 × 教育程度；區域 × 性別 × 種族給予不同權重。 2. 投票傾向權重：根據 9 個問題或變項所得到的 9 分評量（9-point scale）給予權重。
Louis Harris	1. 電話追蹤策略是在未來 3 天不同	1. 考慮下列四種權重：

| and Associates | 的 3 個時段進行追蹤。
2. 若遇忙線則 15 分鐘後追蹤，若仍忙線則同上述處理方式。
3. 遇拒訪，追蹤 3 次以上，若仍拒訪，則使用替代號碼。
4. 其他狀況使用替代號碼。 | a. 年齡（10 個類別）
b. 性別（2 個類別）
c. 種族（3 個類別）
d. 教育（5 個類別）
2. 另外，也使用地區變數來平衡樣本。目前也考慮以家中電話線數來加權。
3. 人口數權重：根據樣本所在地區（分為 18 個類別）給予不同權重。
4. 住戶權重：根據住戶中可對外通話電話線（號碼）數給予不同權重（1 線：1；2 線以上：0.5）。 |

資料來源：蘇建州，1998

第三節　直交表實驗設計與配置

　　直交表或稱直交矩陣（orthogonal array, OA）設計是一種部分因子的實驗設計（fractional factorial design），早期曾成功應用在品質工程領域，現在則廣為各領域所使用（蘇建州 1998，蘇建州、桑慧敏 1993）。當可能會影響到反應值（如民調結果中兩候選人的支持度差距）的因子（如各種加權變數、編碼與過濾樣本方式）非常多，全因子實驗不可行時，我們經常會使用部分因子實驗。然而傳統的部分因子實驗方法必需先找到一組「合適的」定義對比（defining contrasts），然後再經由一套複雜的程序來決定部分因子實驗中的實驗點組成。此外，實驗中的區集設計（blocking design）也是需先經由合適定義對比的選擇和一套複雜程序來決定各區集中的實驗點組成，而透過直交表設計則有方便的線點圖（linear graphs, Taguchi and Konishi 1987，Phadke 1989）來輔助作區集的安排。因此，簡單而且方便的直交表也廣泛的被應用來安排部分因子實驗及相關的區集設計。

　　直交表的基本原理與作法就是指：（1）每一行中的每一種數值都出現一樣多的次數，和（2）任兩行中的各種數值組合也都出現一樣多次數的矩陣。有關製造直交表的一些方法和結果，可以參考 Aloke（1985）。通常是以符號 Ln(mk)來表示 n 列 k 行（欄）的直交表，每一行有 m 個不同的值，用來配置 k 個因子的實驗，其中每個因子都是 m 水準，共有 n 個實驗點。而使用直交表設計最大的好處是具有所謂的平衡（balance）性質（參見 Phadke 1987），可以避免可能的系統偏差。其中又以兩水準（例如，因子中加權與不加權兩種配置）的直交表（k＝2）是最常用，也是最重要的直交表，因為我們可以以其為基礎，應用所謂行合併法（column merging method）、行取代法（column replacing method）和虛擬水準法（dummy level technique）等方法構建出其它水準數的直交表（Phadke 1989, pp.150-168），因此兩水準的直交表實驗可以說是其它直交表實驗的基礎。而在兩水準的直交表實驗中，我們稱每行中相對於兩種水準的反應值的差為該行的行效用（column effect）。

　　在直交表實驗中，所有因子的效用都是用對應的行效用來估計，而所有的行效用都是反應值的線性對比。也就是由一些反應值的差或和所構成，而且這些對比（即行效用）彼此互相獨立。此外，由於直交的特性，這些行效用與對應線性迴歸模式係數的最小平方估計（LSE）是一致的。（蘇建州、桑慧敏 1993）表 5-2 是一個 12 列 11 行的直交表，L12(211)可以用來配置 11 個 2 水準因子（變數）的實驗（其中＋，－分別代表 2 種水準），共需 12 次的實驗，而＋，－符號也可以分別作為這些反應值的差或和來計算行（因子）效應，即迴歸係數的 LSE。

表 5-2　L12(211)直交表

+	+	+	+	+	+	+	+	+	+	+
+	-	+	+	+	-	-	-	+	-	-
-	+	-	+	+	+	-	-	-	+	-
-	-	+	-	+	+	+	-	-	-	+
+	-	-	+	-	+	+	+	-	-	-
-	+	-	-	+	-	+	+	+	-	-
-	-	+	-	-	+	-	+	+	+	-
-	-	-	+	-	-	+	-	+	+	+
+	-	-	-	+	-	-	+	-	+	+
+	+	-	-	-	+	-	-	+	-	+
+	+	+	-	-	-	+	-	-	+	-
-	+	+	+	-	-	-	+	-	-	+

註：在迴歸分析中對應之虛擬變數，＋：0，－：1

　　本研究的原始資料採自蘋果日報委託世新大學民調中心在總統大選前所執行的最後一次民調，調查期間為 2004 年 3 月 4 日至 3 月 7 日，本研究也同時參與部分抽樣、電話追蹤與題目設計工作。調查結果共計隨機撥出 12,365 個電話號碼，扣除 3,519 個傳真機、空號、電話故障、非住宅電話等不合格電話後，共成功訪問 2,461 個樣本（約佔 28%），拒訪 1,134 個樣本（約佔 13%），而高達約 42%無人接聽電話，根據經驗有很高的比例為公司或機構電話（由於電話調查都在夜間或假日執行），其他各種訪問結果的分配情形，詳如表 5-3。

表 5-3　調查訪問結果分佈

	電訪結果	次數	百分比	有效百分比	累積百分比
合格與待確認樣本	忙線	571	4.6	6.5	6.5
	無人接聽	3737	30.2	42.2	48.7
	成功訪問	2461	19.9	27.8	76.5
	受訪者約訪	848	6.9	9.6	86.1
	中止，因受訪者生理／心理障礙，無法進行訪問	95	0.8	1.1	87.2
	拒訪（男）	464	3.8	5.2	92.4
	拒訪（女）	670	5.4	7.6	100.0
	總合	8846	71.5	100.0	
不合格樣本	未使用	280	2.3		
	傳真機	521	4.2		
	答錄機	48	0.4		
	非住宅電話	714	5.8		
	空號	1774	14.3		
	電話故障	182	1.5		
	總和	3519	28.5		
總和		12365	100.0		

　　根據上述原始資料，本研究利用表 5-2 的 L12(211)直交表的前 9 行來配置並執行一個 29（9 因子 2 水準）的部分因子實驗（因為 29 的全因子實驗共需執行 512 次的實驗，而直交表配置的實驗只需要執行 12 次的實驗），實驗的配置與對應的民調結果如表 5-4。其中兩組候選人民調支持度的差距（陳呂－連宋）為本研究中的反應值，而性別、年齡、戶籍、戶中電話線數、戶中投票人數、投票意願與受訪合作態度等 7 個加權變數（加權與不加權 2 水準），以及電話追蹤樣本（納入與不納入 2 水準）與編碼依據（受訪者與訪員 2 水準）共計 9 因子，每個因子有 2 水準。

表 5-4　因子配置與民調結果

性別	年齡	戶籍	電話線數	投票人數	投票意願	受訪態度	電話追蹤	編碼依據	陳呂	連宋	差距
不加權	不加權	不加權	不加權	不加權	不加權	不加權	不含	受訪者	38.2	41.6	-3.4
不加權	加權	不加權	不加權	不加權	加權	加權	含	受訪者	42	46.9	-4.9
加權	不加權	加權	不加權	不加權	不加權	加權	含	訪員	43.2	49	-5.8
加權	加權	不加權	加權	不加權	不加權	不加權	含	訪員	42.3	47.2	-4.9
不加權	加權	加權	不加權	加權	不加權	不加權	不含	訪員	46.1	44.5	1.6
加權	不加權	加權	加權	不加權	加權	不加權	不含	受訪者	40	44.3	-4.3
加權	加權	不加權	加權	加權	不加權	加權	不含	受訪者	43.6	44.6	-1
加權	加權	加權	不加權	加權	不加權	加權	含	受訪者	43	43.7	-0.7
不加權	加權	加權	加權	不加權	加權	加權	不含	訪員	45.7	48.1	-2.4
不加權	不加權	加權	加權	加權	不加權	加權	含	受訪者	41.6	45.6	-4
不加權	不加權	不加權	加權	加權	加權	不加權	含	訪員	45.1	46.5	-1.4
加權	不加權	不加權	不加權	加權	加權	加權	不含	訪員	47.5	46.5	1

第四節　資料分析

　　表 5-5 中詳列了 11 個分類變數的各水準值所對應的民調結果，其中性別、年齡、戶籍、戶中電話線數、戶中投票人數、投票意願與受訪合作態度等 7 個為本研究的加權變數。由於當變數水準值間的民調（反應值）有明顯不同時，樣本超額抽樣（over-sampling）或不足額抽樣（under-sampling），都將導致系統性的偏差，而權重指派的基本原則是給予超額抽樣樣本較低的權重；反之，不足額抽樣樣本則給予較高的權重，即重用該樣本。此外，倘若某樣本有較高的受訪機率、投票的可能性或資料的可信度都會給予較低的權重，反之則給予較高的權重。以下說明如何對個別變數的水準值指派適當的權重，以及各變數在加權後對民調結果的影響。

表 5-5　2004 年總統民調候選人不同分類變數與水準值之支持度

分類變數	變數水準	權重	樣本數	百分比	陳呂	連宋	未表態	差距
性別	男	1.027	1153	49.2%	42.4%	43.5%	14.1%	-1.1%
	女	0.974	1192	50.8%	35.5%	46.1%	18.4%	-10.6%
年齡	20-24 歲	1.791	155	6.7%	49.7%	38.7%	11.6%	11.0%
	25-29 歲	1.069	249	10.8%	42.6%	47.4%	10.0%	-4.8%
	30-39 歲	1.078	482	20.9%	39.4%	45.6%	14.9%	-6.2%
	40-49 歲	0.815	632	27.3%	35.8%	49.4%	14.9%	-13.6%
	50-59 歲	0.738	442	19.1%	39.6%	41.6%	18.8%	-2.0%
	60 歲以上	1.157	351	15.2%	35.9%	43.0%	21.1%	-7.1%
戶籍區域	北基宜	1.025	805	31.5%	33.7%	47.1%	19.3%	-13.4%
	桃竹苗	1.015	342	13.4%	33.0%	48.2%	18.7%	-15.2%
	中彰投	0.965	507	19.8%	36.7%	37.7%	25.6%	-1.0%
	雲嘉南	0.987	396	15.5%	46.0%	31.8%	22.2%	14.2%
	高高屏	1.031	414	16.2%	44.0%	39.6%	16.4%	4.4%
	東部與離島	0.811	95	3.7%	23.2%	52.6%	24.2%	-29.4%
教育程度	小學或以下	-	682	29.1%	40.2%	36.4%	23.5%	3.8%
	高中（職）	-	755	32.3%	41.7%	43.7%	14.6%	-2.0%
	專科（含）以上	-	904	38.6%	36.2%	51.9%	11.9%	-15.7%
省籍	本省閩南	-	1743	74.9%	43.9%	38.6%	17.4%	5.3%
	本省客家	-	297	12.8%	32%	52.5%	15.5%	-20.5%
	大陸各省	-	235	10.1%	13.2%	77.9%	8.9%	-64.7%
	原住民與其他	-	51	2.2%	35.3%	54.9%	9.8%	-19.6%
家中電話線數	1 線電話	1	919	40.2%	36.1%	44.7%	19.2%	-8.6%
	2 線（含）以上	0.5	1367	59.8%	43%	45%	12%	-2.0%
家中投票人數	4 人（含）以下	0.5	1420	61.6%	33.7%	48.7%	17.5%	-15.0%
	4 人以上	1	885	38.4%	47.1%	39.3%	13.6%	7.8%

投票 意願	一定不會	0	40	1.7%	25%	45%	30%	-20.0%
	可能不會	0.5	138	5.7%	18.8%	38.4%	42.8%	-19.6%
	可能會	0.8	296	12.2%	28.7%	37.5%	33.8%	-8.8%
	一定會	1	1949	80.4%	41.9%	45.3%	12.8%	-3.4%
合作 態度	非常合作	1	1014	43.2%	43%	52.7%	4.3%	-9.7%
	合作	0.8	870	37.1%	40.6%	46.1%	13.3%	-5.5%
	普遍或不合作	0.5	461	19.7%	26.7%	25.2%	48.2%	1.5%
電話 追蹤	無（1 次聯繫）	-	2010	78.5%	38.2%	41.6%	20.2%	-3.4%
	有（多次聯繫）	-	549	21.5%	34.4%	43.4%	22.2%	-9.0%
編碼 依據	受訪者	-	2559	-	37.4%	42%	20.6%	-4.6%
	電訪員	-	2345	-	42.4%	47.6%	10%	-5.2%

一、「性別」：雙方民調支持度差距（陳呂－連宋）在男性是-1.1%，女性卻是-10.6%。而根據 92 年 12 月台灣與離島地區（全國母體）之年齡 × 性別資料顯示（如表 5-6），20 歲以上男性佔 50.54%，而在民調樣本中男性卻只佔 49.2%，因此若未對性別加權將會低估陳呂的支持度。其中權重的分派是：男性 1.027（＝50.54 / 49.2），略高於女性 0.974（＝49.46 / 50.8）。

二、「年齡」：陳呂在 20-24 歲領先 11%，但在 40-49 歲卻反而落後 13.6%。而根據表 5-6 母體中，20-24 歲佔 12%，而在民調樣本中 20-24 歲的比例卻只有 6.7%，因此此年齡層是嚴重的不足額抽樣，另一方面，母體中 40-49 歲佔 22.24%，而在民調樣本中 40-49 歲的比例卻高達 27.3%，此年齡層則是超額抽樣，因此若未對年齡加權恐將嚴重低估陳呂的實際選情。其中各年齡層權重的計算方式與「性別」相同。

表 5-6　台灣與離島地區（全國母體）之年齡 × 性別資料

	20-24 歲	25-29 歲	30-39 歲	40-49 歲	50-59 歲	60 歲以上	合計
男	6.15%	5.87%	11.42%	11.23%	7.03%	8.84%	50.54%
女	5.86%	5.67%	11.11%	11.01%	7.06%	8.74%	49.46%
合計	12.00%	11.54%	22.54%	22.24%	14.10%	17.59%	100%

一、「戶籍區域」：由於本研究的民調是事先根據 2003 年 12 月的戶籍資料進行分層抽樣，因此樣本在各區域的比例與調查的母體（有投票權民眾）一致。然而因為各地區投票率高低不同，因此仍與真正的母體（前往投票民眾）分配與戶籍地區（有投票權民眾）的分配有些微差異，然而在表 5-7 中顯示 2000 年總統大選在各區域投票資料比戶籍資料更為接近 2004 年總統選舉各區域的投票資料，然而兩兩間的差異皆未達 0.05 的統計顯著水準。未來若能進一步有更大樣本的統計檢定確認，以最近一次同性質選舉資料取代戶籍資料作為分層抽樣的依據（各區域的權重是以 2000 年投票資料為分子，樣本分配資料為分母計算得來）可能會有更好的估計結果。

二、「家中電話線數」：權重的指派方式是參考 Chilton／ICR 與 Louis Harris 的作法 1 線：1；2 線以上：0.5（如表 5-1）。由於陳呂在電話線數多的樣本（相較於電話線數少的樣本）有較高的支持度，因此加權後的民調將會不利於陳呂的支持度。

三、「家中投票人數」：權重的指派是「4 人（含）以下」：0.5，「4 人以上」：1。由於陳呂在家中投票人數多的樣本（相較於家中投票人數少的樣本）有較高的支持度，因此加權後的民調將會有利於陳呂的支持度。

表 5-7 2000 與 2004 年總統選舉候選人在不同地區之得票率與民調支持度

	地區	樣本數	百分比	陳水扁呂秀蓮	連戰宋楚瑜	未表態
2004 年總統 民調（根據 2003 年 12 月 的戶籍資料分 層抽樣）	北基宜	805	31.5%	33.7%	47.1%	19.3%
	桃竹苗	342	13.4%	33.0%	48.2%	18.7%
	中彰投	507	19.8%	36.7%	37.7%	25.6%
	雲嘉南	396	15.5%	46.0%	31.8%	22.2%
	高高屏	414	16.2%	44.0%	39.6%	16.4%
	東部與離島	95	3.7%	23.2%	52.6%	24.2%
	地區	投票率	百分比	陳水扁呂秀蓮	連戰宋楚瑜	廢票
2004 年總統 大選實際投票	北基宜	81.1%	32.4%	44.9%	52.8%	2.3%
	桃竹苗	81.1%	13.9%	41.3%	55.8%	2.9%
	中彰投	80.5%	19.0%	49.2%	48.2%	2.7%
	雲嘉南	79.4%	15.2%	59.5%	37.6%	2.9%
	高高屏	81.0%	16.6%	55.9%	41.8%	2.3%
	東部與離島	68.3%	2.9%	30.7%	66.6%	2.6%
	總計	80.3%	100%	48.85%	48.61%	2.55%
	地區	投票率	百分比	陳水扁呂秀蓮	連蕭＋宋張	其他＋廢票
2000 年總統 大選實際投票	北基宜	83.4%	32.3%	37.1%	61.4%	1.6%
	桃竹苗	84.1%	13.6%	29.7%	67.1%	3.2%
	中彰投	83.9%	19.1%	37.0%	61.4%	1.6%
	雲嘉南	80.5%	15.3%	49.0%	49.7%	1.3%
	高高屏	83.1%	16.7%	46.0%	52.7%	1.3%
	東部與離島	71.8%	3.0%	22.2%	76.3%	1.5%

一、「投票意願」：權重的指派是「一定不會」：0，「可能不會」：
0.5，「可能會」：0.8，「一定會」：1。由於表五中顯示投票
意願愈高陳呂與連宋的差距愈小，因此加權後的民調（即重用
投票意願較高的樣本）將會有利於陳呂的支持度。

二、「合作態度」：權重的指派是「非常合作」：1，「合作」：
0.8，「普通或不合作」：0.5。由於表 5-5 中顯示合作態度較

　　好的受訪者比合作態度較差的受訪者傾向支持連宋，因此加重
　　合作態度較好的受訪者的權重，將會有不利於陳呂的支持度。

三、「電話追蹤」：表 5-5 顯示電話追蹤的樣本比一次電話連繫的
　　樣本傾向支持連宋，因此納入電話追蹤樣本不利於陳呂的支
　　持度。

四、「編碼依據」：表 5-5 顯示以受訪者的回應編碼或訪員判斷編
　　碼的雙方差距分別為-4.6%與-5.2%，由於訪員編碼的未表態少
　　了 10.6%，因此無法明確判斷那種編碼方式有利（或不利）於
　　陳呂的支持度。

　　另外，由表 5-5 也發現不同的「教育程度」與「省籍」對兩組候選
人的支持度都有非常大的差異，因此倘若樣本在此二變數的分配與母體
的分配有偏差就會造成民調結果的偏差，然而由於缺乏相關的母體資料
作比較，因此無法訂定權重，也無法討論此二變數的加權對民調的影響
效用。

　　此外，本研究也針對表 5-4 中 12 次（12 種因子水準組合）直交實
驗的民調結果進行的迴歸分析，自變數是本研究中的 9 個 2 水準因子虛
擬變數（dummy variable），結果如表 5-8。其中發現「戶籍地區」與「性
別」的加權與否對民調結果並沒有顯著的影響，使用「戶中電話線數」
與「受訪合作態度」作為加權變數，或是「納入電話追蹤樣本」、「以受
訪者回應編碼」的作法都會顯著增加連宋的支持度，而使用「年齡」、「戶
中投票人數」、「投票意願」作為加權變數，或是「不納入電話追蹤樣本」、
「以訪員判斷編碼」的作法則是顯著增加了陳呂的支持度。表 5-9 是在
除去「戶籍地區」與「性別」兩變數後的迴歸分析結果。值得一提的是，
由於我們使用了直交表的設計（各係數估計值彼此是獨立的），因此不

同於一般的迴歸分析，新的係數估計與表 5-8 的全模式（full model）一樣，並沒有改變，但係數的檢定力（power）卻增加了。

表 5-8　迴歸係數估計與檢定(一)[a]

模式		未標準化係數		標準化係數	t	顯著性
		B 之估計值	標準誤	Bata 分配		
1	（常數）	-3.583	.300		-11.926	.007
	性別	-.200	.190	-.043	-1.052	.403
	年齡	.933	.190	.201	4.912	.039
	戶籍區域	-.167	.190	-.036	-.877	.473
	家中電話線數	-.967	.190	-.209	-5.087	.037
	家中投票人數	3.523	.190	.762	18.594	.003
	投票意願	.800	.190	.173	4.210	.052
	受訪合作態度	-.667	.190	-.144	-3.508	.073
	電話追蹤	-2.200	.190	-.475	-11.577	.007
	編碼依據	1.067	.190	.230	5.613	.030

a.依變數\：支持度差距

表 5-9　迴歸係數估計與檢定(二) [a]

模式		未標準化係數		標準化係數	t	顯著性
		B 之估計值	標準誤	Bata 分配		
1	（常數）	-3.767	.265		-14.237	.000
	年齡	.933	.187	.201	4.989	.008
	家中電話線數	-.967	.187	-.209	-5.167	.007
	家中投票人數	3.533	.187	.762	18.886	.000
	投票意願	.800	.187	.173	4.276	.013
	受訪合作態度	-.667	.187	-.144	-3.563	.024
	電話追蹤	-2.200	.187	-.475	-11.759	.000
	編碼依據	1.607	.187	.230	5.702	.005

a.依變數\：支持度差距

　　根據表 5-10 迴歸分析的結果，本研究擬定出兩種最「極端」因子配置，一是採用性別、戶籍、電話線數與合作態度等加權變數組合，並納入電話追蹤樣本，以及以受訪者回應編碼，民調結果是連宋領先陳呂 7.8 個百分點，另一種安排是採用年齡、投票意願的加權變數組合，並且不要納入電話追蹤樣本，以及以訪員判斷編碼，民調結果逆轉成為陳呂領先連宋 2.1 個百分點，由此可見同一原始民調資料在經過不同方式的資料處理（加權、編碼、過濾）後，雙方差距確實可能會有很大的差異。

表 5-10　極端因子配置與民調結果

性別	年齡	戶籍	電話線數	投票人數	投票意願	受訪態度	電話追蹤	編碼依據	陳呂	連宋	差距
加權	不加權	加權	加權	不加權	不加權	加權	含	受訪者	39.3	47.1	-7.8
不加權	加權	不加權	不加權	加權	加權	不加權	不含	訪員	47.3	45.2	2.1

第五節　結論與後續研究

　　民調是一種科學方法，但為何不是所有的民調數字都相同（或接近）？為何選舉結果經常跌破民調專家的眼鏡？所有的專業民調工作者、相關的學術研究者，甚至是關心民調的普羅大眾都可以來關心與質疑這個問題，甚至於是因而改進調查與預測的技術。民調結果當然會受到選情本身是動態變化的干擾，除此之外調查程序的每個步驟都有可能使民調結果出現系統性的偏差。本研究以 2004 年總統選舉民調為例，實證結果發現即使是源自同一個原始資料的民調結果，也會因為採用不同的加權變數組合、不同的編碼依據或是否納入電話追蹤樣本而可能會

有很大的差異。然而有鑑於選前一天的總統、副總統遭槍擊事件對選舉結果產生未知的干擾，因此本研究無法對何種加權變數組合，以及是否進行電話追蹤提出具體的結論與建議，而只是針對它們的使用對原始樣本結構所造成的修正效果，以及對選舉民調與預測結果的影響效用進行分析與研究。除此之外，本研究只是針對世新大學民調中心單次調查的實證分析結果，研究結果將可做為該調查機構之「機構效應」的特定參數參考，然而研究結果的概化，仍有待後續更廣泛調查資料的實證研究佐證。

參考文獻

吳統雄（1996），建立調查決策資訊系統：從適域性的角度與實證研究，85年度行政院國家科學委員會專題研究計畫成果報告。

黃河（1996），電話調查抽樣方法，中國統計通訊，7(11), p.p.2-13。

蘇建州（2002），台灣2000年總統選舉民調之準確度評量與影響因素分析，調查研究期刊，12, pp. 91-109.

蘇建州（2000），「電話調查中電話追蹤與加權估計效用之研究---以2000年總統選舉在台北市民調為例」民意研究季刊，pp.78-87.

蘇建州（1998），穩健電話調查程序之初探，調查研究期刊，6, pp. 73-92。

蘇建州、桑慧敏（1993），虛擬亂數指派策略在直交表上的應用：以戰車派遣可靠度模擬模式為例，工業工程期刊，10, pp.187-193.

Aloke, D. (1985), Orthogonal Fractional Factorial Designs, Wiley Eastern Limited.

Groves, Robert M. and Nancy A. Mathiowetz(1984), "Computer Assisted Telephone Interviewing: Effects on Interviewers and Respondents." Public Opinion Quarterly 48:356-369.

Klecka, W.R. and A.J. Tuchfaarber(1978), "Random Digit Dialing: A Comparison to Personal Survey." Public Opinion Quarterly 42:105-142.

Mitofsky, Warren J.(1998), "Was 1996 a Worse Year for Polls than 1948?" Public Opinion Quarterly 62: 230-249.

O'Neil, Michael J.(1979), "Estimating the Nonresponse Bias Due to Refusals in Telephone Surveys." Public Opinion Quarterly 43: 218-388.

Phadke, M.S. (1989), Quality Engineering Using Robust Design}, Englewood Cliffs. NJ: Prentice-Hall.

Piazza, T.(1993), "Meeting the Challenge of Answering Machines." Public Opinion Quarterly 57:219-231.

Salmon, C. T., and Nichols, J.S.(1983), "The Next-Birthday Method of Respondent Selection." Public Opinion Quarterly, 47:270-76.

Taguchi, G. and Konishi, S. (1987), Orthogonal Arrays and Linear Graphs, American Supplier Institute, Inc.

TVBS (2004 a), http://www.tvbs.com.tw/FILE_DB/files/osaka/200403/osaka-20040309160221.doc

TVBS (2004 b), http://www.tvbs.com.tw/FILE_DB/files/yijung/200403/yijung-20040304210035.doc

Voss, D. T., Gelman, A., and King, G.(1995), "The Polls-A Review, Preeletion Survey Methodology: Details from Eight Polling Organizations, 1988 and 1992." Public Opinion Quarterly 59:98-132.

Waksberg, Joseph(1978), "Sampling Methods for Random-Digit Dialing." Journal of American Statistical Association, 40-46.

Weeks, M. F.(1980), "Optimal Times to Contact Sample Households." Public Opinion Quarterly 44:101-14.

Wigderhous, Gideon(1981), "Scheduling Telephone Interviews: A Study of Seasonal Pattern." Public Opinion Quarterly 4: 250-259.

Wilcox, J.B.(1977), "The Interaction of Refusal and Not-at-Home Sources of Nonresponse Bias." Journal of Marketing Research, 592-97.

Wiseman, F. and McDonald, F.(1979), "Noncontact and Refusal Rates in Consumer Telephone Survey." Journal of Marketing Research 16:478-84.

第六章　電話調查中的非抽樣誤差與加權估計問題：以 2005 年台北縣長選的實驗性民調為例[1]

　　由於大多數的調查研究始終無法知道目標母體的參數值，也因此缺少一個作為比較衡量的基準值。然而透過民意調查的選舉得票率預測則不然，可以透過選前民調與選舉結果的比較來檢驗調查方法的良窳，並作為改進調查方法的依據。本研究以 2005 年台北縣長選舉為例，透過計劃性固定樣本與「選前民調、選舉結果、選後民調」的研究設計，進行剖析研究，實證探討民調中的非抽樣誤差問題，包括未表態、拒訪、困難聯繫等三類型受訪者對選舉預測的干擾與影響。此外，本研究也針對加權變數的使用對民調結果的影響進行分析，同時也探討選前未表態受訪者的投票行為，以及在選後民調中當選者的得票率會被高估的現象。

第一節　緒論

　　進行電話調查的最終目的無非是要估計目標母體中感興趣的未知參數，諸如對某特定人、事的滿意度、支持度、收視率……等。然而在進行電話調查的過程中，包括議題選定、問卷設計、抽樣方式（電話號碼與戶中抽樣樣本之產生）、可能狀況（例如拒答、答錄機、忙線、無人接聽、空號、無合格受訪者、傳真機、非住宅電話……等）之處理方式、追蹤電話（callback）之時機與作業方式、參數推估方式（例如是否加權（weighting）估計、如何加權等）、訪員管理與績效控制，以及

---

[1] 本章內容亦刊載於《調查研究期刊》，Vol. 21, pp.7-29, 2007.

最後對調查結果之闡釋與解讀等，其中的每個環節都可能影會響到結果的準確度。

由於大多數的調查研究始終無法知道目標母體的參數值，也因此缺少一個作為比較衡量的基準值。然而透過民意調查的選舉得票率預測則不然，在美國每次重要的選舉都是學術界與民調機構的盛事，因為他們可以藉由選舉結果來檢驗證選舉調查與預測技術的良窳。Literary Digest在 1916 年以郵寄「模擬選票」方式預測美國總統大選，而正式使用科學抽樣方法則是從 1936 年的美國總統大選才開始。參考 Traugott (2001,2005) / NCPP (2006) / 蘇建州（2004）等針對主要調查機構在 1936年至 2004 年期間共 19 次的美國總統大選選舉預測的整體表現的評論與分析，其中除了被視為民調界恥辱的 1948 年（Truman 在各家民調普遍不看好的情況下，反而以高於對手 Dewey 5.6%的得票率贏得選舉）外，大部分民調都能在選前就正確的預測出當選人，而且當選人的估計得票率與實際得票率的差距也經常是控制在 95%信心水準下的抽樣誤差範圍內。此外，每當出現類似 1948 年引起廣泛爭議的選舉預測時，美國國家社會科學研究委員會（Social Science Research Center, SSRC）就會舉辦公聽會，廣邀各界專家學者共同探討其中原因，研擬改進選舉調查的各種方法，以重建選舉預測的公信力。

反觀我國的情況，受限於中選會的總統副總統選舉罷免法的規定，在選前十天不得公佈選舉民調，而選前十天的選情卻經常是起伏不穩定的（蘇建州 2002），例如 2004 年總統選舉的陳由豪事件與槍擊事件都是發生在這段期間內，因此無法根據選舉結果來「診斷」之前的民調的準確度。因此，以下以沒有選前十天不得公佈選舉民調限制的地方性選舉來「診斷」國內民調的表現。回顧在 2001 年的台北縣長選舉中，蘇貞昌以 51.3%的得票率（與對手王建煊的差距 2.7%），贏得選舉，這樣的

結果符合大多數媒體民調在選前的研判－蘇貞昌會小（險）勝。然而在 2002 年的台北市長選舉中，雖然也是一如所有選前最後各家主要民調所研判：馬英九以懸殊的差距贏得選舉（64.1%：35.9%），然而大多數的民調仍低估民進黨候選人李應元的得票率 10 個百分點以上。源自於科學方法與標準作業程序的民調會在兩次選舉中有如此不同評價的表現，除了隨機（抽樣）誤差外，必然有隱藏的非抽樣誤差干擾民調結果，歸納可能導致非隨機誤差來源包括：

一、選舉預測與選舉民調最大的差異是選舉預測中沒有「未表態選民」，由於國內民調機構通常只公布選舉民調，而不是預測，其中大約有 20%左右選前未表態的選民，這些未表態受訪者的投票行為，以及在實務上對民調準確度的影響如何，值得進一步探討。

二、由於媒體民調大多是在 1～2 天內夜間訪問完成，不可能針對那些不在家的原始抽樣住戶進行多次的追蹤。在美國的許多研究都實證此類型受訪者明顯比較傾向支持共和黨（Cantrill 1991），然而在台灣仍缺乏對此困難聯繫受訪者的相關研究。因此，困難聯繫受訪者實務上對民調準確度的影響如何，是值得進一步探討的課題。

三、在民調電話抽樣過程中，並非每一位合格選民都有相同的機會被抽選中成為樣本。家中無電話者沒有機會成為樣本；而家中「電話線數少」且「人口數多」的選民也比家中「電話線數多」且「人口數少」的選民被選為樣本的機會低。通常可以透過上述變數進行加權，而加權估計對民調準確度的影響也是值得進一步探討的課題。

四、民調中通常都有 90%以上受訪者表態會去投票，遠高於實際投票率。顯見有部分投票意願較不堅定的選民可能會因為選情是否緊繃，天氣狀況等因素而影響其實際投票的「行動度」，因此投票率對民調準確度的影響為何，也是值得進一步探討的課題。

五、如果各家媒體民調頻繁、一致估計特定候選人的支持度遙遙領先，此訊息透過大篇幅的媒體報導後，極可能會對民調落後的候選人產生「沉默螺旋」效應，因而被隱藏在民調的拒訪者或未表態者之中。因此，「沉默螺旋」效應究竟對民調準確度的影響為何值得進一步探討。

六、選前民調領先的候選人可能會有最後一分鐘（last minute）趨從民意的選民？選民看到民調支持率高的候選人，會產生「西瓜偎大邊」的心理，選舉時就把票投給領先的候選人，就像是跟著遊行隊伍最前端的「樂隊花車」跑一樣，這種「樂隊花車」或「西瓜偎大邊」的效應即每個人都希望自己是站在勝利者這邊（翁秀琪 1997）。因此，「樂隊花車」效應是否果真影響民調準確度，值得進一步探討。

七、不同民調機構在相同時間的民調有很大的差異，這可能是因為機構效應（house effect）所致，因為調查機構的訪員、問卷設計、抽樣設計、選舉預測模式、機構名稱……等不同所導致的差異。

　　然而可惜的是這些民調原始資料並未公開釋出，同時民調之問卷設計與抽樣設計結構也都已不可能追溯，因此上述原因都只能是初探性的歸納與猜測。唯有能事先精確規劃、設計與執行選前、選後固定樣本民調，蒐集所有相關變數資料，特別是選後民調必須鍥而不捨的追蹤到那些選前困難聯繫、拒訪，以及未表態的受訪者最後的投票行為，才能有助於探討上述「漏網」樣本對民調準確度的「殺傷力」。有鑑於此，本

研究將對 2005 年的台北縣長選舉，透過計劃性固定樣本研究法：「選前民調、選舉結果、選後民調」的研究設計，進行剖析與回溯性的研究比較。

　　本研究即以 2005 年台北縣長選舉為例，實證探討可能的非抽樣誤差來源：民調中三種特殊受訪者，包括「拒訪」、「不表態」與「困難聯繫」，所導致的無回應誤差對民調結果的影響。此外，本研究也針對加權變數的使用對民調結果的影響進行分析，同時也探討選前未表態受訪者的投票行為，以及在選後民調中當選者的得票率會被高估的現象。

第二節　文獻探討

　　近年來，由於國內電話住戶的普及，以及專業民調機構在調查樣本產生方式上的改進（俾使每個母體元素都有相同的機會被選為樣本），所謂的「未涵蓋誤差」問題已經愈來愈不嚴重。此外，在問卷量表設計上，包括問題順序、選項與用辭（wording）等都已有明顯比以前的作法嚴謹與週延。而以選舉民調而言，除非是刻意偏頗的不公正民調，因為問卷用語所造成的「測量誤差」問題應該不會太嚴重，真正困擾專業民調工作者的是「無回應誤差」的問題。長久以來，未參與（包括拒訪與困難聯繫受訪者）和未表態受訪者，一直是電話調查過程中很棘手的誤差來源，其中受訪者未參與的原因包括沒有接觸到受訪者（電訪聯繫結果為答錄機、忙線、無人接聽）與拒訪等。如果坐視大量的未參與及未表態受訪者不處理，可能會導致樣本結構與母體結構不同的偏差(Voss et.al. 1995；Wiseman & McDonald 1979；O'Neil 1979)。

　　進行電話調查的第一個步驟便是產生電話號碼，在過濾非住宅電話、空號、傳真機等無效號碼後的電話住戶稱為「原始樣本（original sample）」，理論上必須成功聯繫與訪問「所有」原始樣本，不能有任何替代或遺漏樣本。不幸的是在實務上大約只能成功訪問到 40%的原始樣本（其中約有 30%拒訪與 30%是所謂的困難聯繫者），而這還不包括成功訪問樣本中 20～30%的未表態選民。民調預測的統計推論基礎只源自大約 30%原始抽取樣本，這樣的結果必須先確認民調中的「未表態」、「拒訪」與「困難聯繫」受訪者都沒有去投票，或是投票傾向結構與大約佔 30%的成功受訪並表態者相似，否則調查結果會有偏差。究竟這些「遺漏」的原始樣本對民調準備度的影響力有多大？本研究的首要工作便是要偵測出「未表態」、「拒訪者」、「困難聯繫者」的輪廓。

國外關於上述三種選民結構與投票行為的研究相當豐富，如 Wiseman and Donald (1979) / Xu, Bates, and Schweitzer (1993) / O'Neil (1997)與 Wilcox（1997）等。然而國內相關的研究並不多，盛治仁（2000）曾以人口變項、議題立場及政治態度等面向對已表態選民作區辨分析，提出「情感溫度計」來區隔表態選民並預測未表態選民的作法。

在選舉民調的測量問題上，選前民調所關心的是選民最後改變態度與沉默螺旋效應問題，而選後民調所關心的則是「樂隊花車效應」。選民看到民調支持率高的候選人，會產生「西瓜偎大邊」的心理，選舉時就把票投給領先的候選人，就像是跟著遊行隊伍最前端的「樂隊花車」跑一樣，這種「樂隊花車」或「西瓜偎大邊」的效應即每個人都希望自己是站在勝利者這邊（翁秀琪 1997）。候選人或政黨處心積慮在選前製造「假民調」拉抬聲勢就是基於樂隊花車效應的考量，而我國總統副總統選罷法 52 條明文規定選前十天不得公佈民調結果也是為杜絕這種傳播效應干擾選民投票行為。根據 TVBS 在 2000 年總統選舉選後一天所做的民調顯示：在 8%不願意表態的情況下，宣稱自己投給陳水扁的還有 42.7%，投給宋楚瑜的則降為 33.5%，投給連戰的只有 14.9%（盛治

仁 2000）。蘇建州、梁世武（2005）針對 2002 年台灣選舉與民主化調查（TEDS 2002）的次級資料分析也發現同樣的現象，針對從 1993 年至 2002 年期間的七次重要選舉的研究，發現當選者無論是藍、綠陣容都有明顯的樂隊花車效應。

　　沉默螺旋理論是由 Noelle-Neumann (1974)所提出，並且運用於研究當時的西德大選。該理論指出個人因為「害怕孤立」而影響民意的形成，影響到個人對發表自己意見的意願，至使環境中的強勢意見愈來愈強，而弱勢意見則是愈來愈弱。而對周遭情形的觀察，也會再影響別人是採取大聲表明立場，或是保持沉默、不敢表達自己的看法，直到形成一種螺旋的過程，公開表明的意見完全取得優勢地位，而其他的意見則從公開表達的場域消失，而至沉默不表態的情形。意即強勢意見會被高估，而弱勢意見則被低估。國內也有許多關於沉默螺旋理論的實證研究，如左龍娣（1991）、翁秀琪（1997）、周玫楓與左宗宏（2003）等。

　　由上述國內外的實證研究都發現「樂隊花車」與「沉默螺旋」兩種效應確實會干擾到選舉民調的準確度。

第三節　不具非抽樣誤差之選舉民調與實際選舉民調

　　本研究針對 2005 年 12 月 3 日所舉行的台北縣長選舉，以固定樣本法進行選前民調預測與選後民調回溯研究。在本節首先是針對不具非抽樣誤差之選舉民調與實際選舉民調的異同處的比較分析，進而瞭解實際民調中可能的誤差來源。

　　不具非抽樣誤差的選舉民調是直接從目標母體，目標母體指的是 2005 年 12 月 3 日前投票日當天前往投票之台北縣籍民眾（N＝1,825,261，其中約有 54.9%投票給周錫瑋，44.3%投票給羅文嘉的台北縣選民），隨

機抽出樣本,其中每個目標母體中的民眾都有相同的機率被抽選為受訪者,而且符合下列四個條件:

一、全都能成功聯繫,

二、沒有拒訪者,

三、全都誠實表態,以及

四、調查期間的投票態度與投票日的投票行為全都相同。

　　國內選舉民調大多是以電話調查進行,抽樣母體是可以透過電話接觸到之居住台北縣民眾。其中無論是採用隨機撥號法(Random Digit Dialing, RDD)或是源於電話號碼簿的抽樣方法,都是以「電話住戶」為抽樣的基本單位,而不是以「選民」個人為抽樣單位,其中抽樣原則是盡量確保每組電話號碼有相同被選中的機率。也因此實際的選舉民調誤差來源為抽樣誤差+非抽樣誤差,其中樣本過於偏重電話線多、住戶中投票選民數少者將導致樣本代表性偏差(representative bias)的抽樣誤差,此外至少會有下列三個非抽樣誤差(或稱之為非隨機誤差)的來源:

一、無涵蓋誤差:無法透過電話 reach 之投票選民。

二、無回應誤差:未能成功聯繫、未表態、拒訪之投票選民。

三、因選民欺瞞或支持意向變動所導致的預測結果偏差:不誠實表態或調查期間投票態度與投票日投票行為不同之投票選民。

　　本研究即是以 2005 年台北縣長選舉為例,藉由選前民調、選舉結果、選後民調等三組測量數字進行實證探討民調中未表態、拒訪、困難聯繫等三類型受訪者。

第四節　研究設計與樣本分析

本研究首先是以登錄在台北縣住宅電話號碼簿電話住戶作為第一階段抽樣母體，依台北縣 29 個行政區 20 歲以上設籍比例作分層（根據選委會公告的各行政區選舉人數）抽出 1201 個住宅電話號碼，第二階段則是將抽出的電話號碼去尾數二碼後加隨機機二碼，產生 1201 個「準原始樣本號碼」，再經過選前與選後反覆的追蹤確認，過濾其中無效樣本（故障、非住宅用、停用、無合格受訪者與傳真機）後，共計有 493 個「原始樣本號碼」進行研究。胡克威（2004）曾以「過關」的觀點探討電話調查的過程，本研究也參考「過關」的構想，將本研究電訪進行的作業流程繪製如圖 6-1 電話過關、淘汰流程與撥打結果所示。

在問卷題目設計方面，選前與選後略有不同，除了基本人口資料（性別、年齡、省籍、學歷、戶籍行政區）、加權變數（電話線數、投票意願、戶中合格選民數，Salmon and Nichols (1983)）、選舉行為（選前投票意願、選前支持對象、選後是否投票、選後投票對象）等題目外，根據所記錄的每組電話號碼樣本總撥打（聯繫）次數做為該受訪者困難聯繫程度的測量。選前調查時間是在 2005 年 11 月 30 日至 12 月 2 日（選前三天）進行，其中選前民調樣本的電話追蹤與聯絡結果分佈如表 6-1。本次調查共計抽出 1201 組電話號碼，其中至少有 420 個（35%）電話號碼為非合格電話號碼（非住家電話、非合格受訪者或訪問地區、空號、電話故障或暫停使用）。而在 307 位成功受訪者中，有 170 位是第一次電話聯絡就完成的訪問，另有 137 位是業經 1～3 次電話追蹤才成功訪問到受訪者。

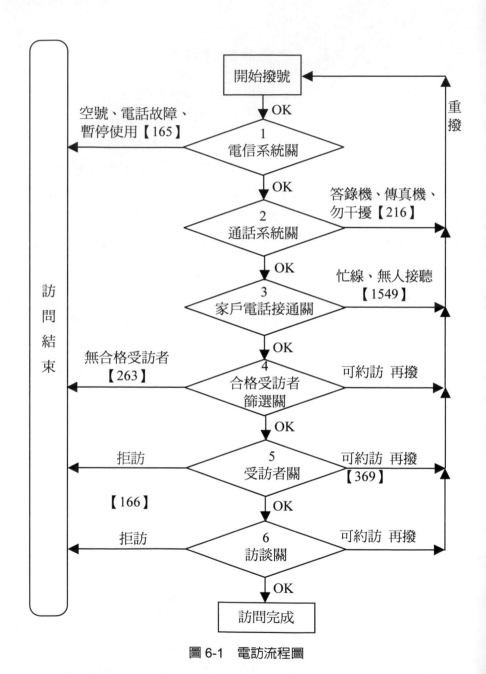

圖 6-1　電訪流程圖

由於接觸率（contact rate）、回應率（response rate）、拒訪率（refusal rate）和合作率（cooperation rate）一直是電話調查中四項重要的控管指標（Xu, Bates, and Schweitzer 1993），AAPOR（American Association for Public Opinion Research）也分別根據每項指標從寬鬆到嚴格的認定標準，訂定 3～4 種不同操作性定義（公式），並且在其官方網站提供免費下載軟體 AAPOR Outcome Rate Calculator Version 2.1 可以協助研究者自行計算這些指標。本研究也透過上述四項指標在電話追蹤過程的變化進行分析，其中參酌 AAPOR 原始定義，本研究用以計算相關指標的操作性測量定義如下：

回應率＝$(I+P)/((I+P) + (R+NC) + e*UH)$，

拒訪率＝$R/((I+P)+(R+NC) + e*UH)$，

接觸率＝$((I+P)+R)/((I+P)+(R+NC) + e*UH)$，以及

合作率＝$I/((I+P)+ (R+NC) + e*UH)$；其中

　　I：完成訪問數，

　　P：部分完成訪問（如約訪）數，

　　R：拒訪或中途停止訪問數，

　　NC：無法聯繫（如答錄機或傳真機），

　　UH：無法判定是否為合格電話住戶數（如無人接聽、忙線），
　　　　以及

　　e：：估計在無法判定是否為合格電話住戶中合格電話住戶的
　　　　比例。

由表 6-1 選前民調樣本之電話追蹤與聯繫結果分佈顯示，受訪者的拒訪率在第一次追蹤時提高，但在第二、三次電話追蹤時則未再明顯增加，而回應率、接觸率與合作率則是明顯隨著追蹤次數增加而降低，亦即電話追蹤次數增加會減少其對「降低未參與偏差」效率的貢獻度。進

一步檢視表一的結果可以發現，第一次追蹤與第二次追蹤樣本在拒訪率、回應率、接觸率與合作率等效率指標表現上雖然不如第一次聯絡電話樣本，但差異並不大，然而在第三次電話追蹤樣本的效率就明顯變差了。根據上述結果的結論是：針對第一次聯絡的待確認電話號碼進行 1-2 次電話追蹤是有價值的，因為降低未參與偏差所付出的代價（犧牲電話撥打效率）不大，至於是否繼續進行第三次或更多次的電話追蹤？抑是另外產生新的電話號碼進行訪問？仍須進一步評估與權衡降低偏差貢獻度的減少與電訪效率降低的速度而定，然而上述實證結果將有助於提供後續如何基於「樣本不等價值（成本與偏差）」概念，以更精細方式來擬定電話追蹤策略的研究方向。

表 6-1　選前民調樣本之電話追蹤與聯繫結果分佈

	第一次聯繫	第一次追蹤	第二次追蹤	第三次追蹤
完成訪問（合格電話號碼）	170	85	43	9
非合格電話號碼				
非合格受訪者	133	55	46	29
空號	156	3	0	0
電話故障、暫停使用	6	0	0	0
	295	58	46	29
中止追蹤電話號碼	*465*	*143*	*89*	*37*
待確認電話號碼				
約訪	171	116	48	34
拒訪	35	54	42	35
答錄、傳真機、勿干擾	52	55	54	55
無人接聽	448	348	340	324
忙線	30	20	20	19
	736	593	504	467

撥打電話次數	1,201	736	593	505
回應率	48%	32.4%	19%	10.4%
拒訪率	4.9%	8.7%	8.8%	8.4%
接觸率	52.9%	41.1%	27.9%	18.8%
合作率	23.9%	13.7%	9%	2.2%

第五節　資料分析

一、選前民調、選後民調與實際選舉結果比較

　　表 6-2 是針對表態受訪者（未加權）選前民調、選後民調，以及實際選舉結果之比較。其中無論是選前民調或選後民調對國民黨候選人的高估（或對民進黨候選人的低估）都超出在 95%信心水準下的抽樣誤差範圍，顯見有非抽樣誤差干擾民調的準確度。

表 6-2　未加權之選前民調、選後民調與實際選舉結果比較

姓名	推薦政黨	選前民調		選舉結果		選後民調	
		次數	支持度	得票數	得票率	次數	支持度
周錫瑋	中國國民黨	132	66.67%	988739	54.87%	118	77.12%
羅文嘉	民主進步黨	65	32.83%	798233	44.30%	35	22.88%
黃福卿	無黨籍及其它	0	0.00%	5639	0.31%	0	0.00%
陳俊傑	無黨籍及其它	0	0.00%	4064	0.23%	0	0.00%
陳誠鈞	無黨籍及其它	0	0.00%	2812	0.16%	0	0.00%
黃茂全	無黨籍及其它	1	0.51%	2585	0.14%	0	0.00%

選前民調：表態樣本 198 份，在 95%的信心水準下，抽樣誤差約正負 7%。
選後民調：表態樣本 153 份，在 95%的信心水準下，抽樣誤差約正負 8%。

二、選前民調與選後民調投票對象交叉分析

由表 6-3 選前民調與選後民調的交叉分析發現，在選前民調中表態支持周錫瑋的 99 位合格受訪者中，有 91.9%的人在選後民調中表示自己投票給周錫瑋，4%的人改變投票對象轉而支持羅文嘉，另有 3%表示不知道或拒答，1%投廢票；而選前民調中表態支持羅文嘉的 32 位合格受訪者中，卻只有 68.8%的人在選後民調時表示自己投票給羅文嘉，9.4%的人改變支持對象將票投給周錫瑋，18.8%的人則不知道或拒答，3.1%投廢票。結果顯示選前與選後民調的支持對象有相當程度的一致性，而周錫瑋的支持者相較於羅文嘉的支持者則更為穩固。

表 6-3   選前民調與選後民調之投票對象交叉分析

		選後民調							
		羅文嘉		周錫瑋		投廢票		不知道／拒答	
選前民調	羅文嘉	22	(68.8%)	3	(9.4%)	1	(3.1%)	6	(18.8%)
	周錫瑋	4	(4.0%)	91	(91.9%)	1	(1.0%)	3	(3.0%)
	都不支持	0	(0.0%)	1	(25.0%)	2	(50.0%)	1	(25.0%)
	未表態	9	(17.6%)	23	(45.1%)	1	(2.0%)	18	(35.3%)

n=186

從交叉分析的結果解讀，選前未表態支持周錫瑋的 87 位受訪者中，有 27 位（31%）在選後民調中表示自己把票投給了選舉當選者周錫瑋；另外，選前表態支持羅文嘉的 32 位受訪者中，有 10 位（31.3%）在選後可能出現了「沉默螺旋」現象（選後民調中表示自己投廢票、不知道或拒答）。

　　進一步從表 6-4 的測量指標分析，其中指標的計算方式是可能出現樂隊花車效應的受訪者比例和全體樣本比例的比值，若「指標」值小於 1，意味該區隔相對傾向較不明顯，反之若「指標」值愈大，代表相對傾向愈明顯。其中 27 位可能出現「樂隊花車」效應的受訪者之人口統計測量指標分析顯示，女性、60 歲以上、國中以下學歷、戶籍設於第一選區（板橋、土城、樹林、三峽與鶯歌）、家中投票權人數多（超過 5 人）的受訪者所佔之相對比例為最高。然而是否果真擁有以上人口統計特徵的選民比較容易出現樂隊花車現象，仍待後續研究探討。

　　另一方面，進一步檢視可能出現「沉默螺旋」效應的 10 位受訪者中（見表 6-5），以性別做區分，其中 6 人為男性、4 人是女性；年齡層分布為 20-29 歲 1 人，30-39 歲 4 人，50-59 歲 2 人，60 歲以上有 3 人；而教育程度方面，3 人為小學或以下、1 人高中職、1 人專科、3 人大學、1 人研究所以及 1 人拒答；戶籍方面，第一選區有 2 人，第二選區有 5 人，第三選區 3 人；在省籍上，9 位為本省閩南人、1 位是本省客家人。然而有鑑於樣本數太少，因此無法將此結果作過度的解讀或推論。

表 6-4　可能出現「樂隊花車」效應的受訪者之人口統計測量指標

		可能出現樂隊花車效應的受訪者（比例）	整體樣本（比例）	測量指標
性別	男	11（40.7%）	80（43.5%）	0.94
	女	16（59.3%）	104（56.5%）	1.05
年齡層	20-29 歲	3（11.1%）	19（10.5%）	1.06
	30-39 歲	5（18.5%）	31（17.1%）	1.08
	40-49 歲	5（18.5%）	43（23.8%）	0.78
	50-59 歲	7（25.9%）	47（26.0%）	1.00
	60 歲以上	7（25.9%）	41（22.7%）	1.14

教育 程度	國中以下	13（48.1%）	64（35.8%）	1.34
	高中、職	4（14.8%）	57（31.8%）	0.47
	專科、大學以上	10（37.0%）	58（32.4%）	1.14
戶籍地	第一選區	11（40.7%）	54（29.0%）	1.40
	第二選區	7（25.9%）	68（36.6%）	0.71
	第三選區	9（33.3%）	64（34.4%）	0.97
家中 投票權 人數	1-2 人	4（16.0%）	41（23.4%）	0.68
	3-4 人	9（36.0%）	71（40.6%）	0.89
	5 人以上	12（48.0%）	63（36.0%）	1.33
省籍	本省閩南人	20（76.9%）	128（75.7%）	1.01
	本省客家人	2（7.7%）	13（7.7%）	1.00
	大陸各省人	3（11.5%）	25（14.8%）	0.78
	原住民	1（3.8%）	3（1.8%）	2.11

備註：本研究參考 2004 年第六屆立法委員選舉之選區劃分將戶籍地分類為三大選
　　　區，第一選區：板橋市、土城市、樹林市、三峽鎮及鶯歌鎮；第二選區：三
　　　重市、新莊市、蘆洲市、淡水鎮、五股鄉、泰山鄉、林口鄉、八里鄉、三芝
　　　鄉、金山鄉、萬里鄉、石門鄉；第三選區：中和市、新店市、永和市、汐止
　　　市、瑞芳鎮、深坑鄉、貢寮鄉、雙溪鄉、石碇鄉、坪林鄉、平溪鄉、烏來鄉。

表 6-5　可能出現「沉默螺旋」效應的 10 位受訪者之人口統計特徵概況

受訪者 編號	性別	年齡層	教育程度	戶籍地	家中投票權人數	省籍
67	男性	60 歲及以上	高中／高職	淡水鎮[2]	4	本省客家人
255	男性	30-39 歲	大學	樹林市[1]	4	本省閩南人
274	男性	20-29 歲	大學	蘆洲市[2]	4	本省閩南人
413	女性	30-39 歲	研究所	中和市[3]	8	本省閩南人
424	女性	60 歲及以上	小學或以下	新莊市[2]	4	本省閩南人
430	男性	30-39 歲	專科	新莊市[2]	6	本省閩南人
585	女性	30-39 歲	拒答	永和市[3]	3	本省閩南人
912	男性	60 歲及以上	小學或以下	板橋市[1]	4	本省閩南人
1043	女性	50-59 歲	小學或以下	新莊市[2]	5	本省閩南人
1151	男性	50-59 歲	大學	永和市[3]	4	本省閩南人

　　上述的分析主要是源自於選前與選後都成功聯繫到的186位受訪者（固定樣本）的結果，對照表1可以發現選前民調明確表態支持候選人的受訪者有198人，然而在選後民調明確表態支持候選人的受訪者卻只有131人（只有66%），其中有超過三成的樣本流失，原因包括拒訪、不表態與未能成功聯繫，這都可能會影響研究的效度。此外，除了上述兩種可能出現的傳播效應，從表3也可以發現有13位選前未表態支持羅文嘉的受訪者（其中4位選前表態支持周錫瑋，9位選前未表態），在選後卻表態投票給羅文嘉，是否是一種選民同情心使然的「落水狗效應（underdog effect）」也值得進一步探究。

三、不同加權變數對民調結果的影響分析

　　在評估使用加權變數對民調結果的影響效果方面，本研究使用之加權變數包括電話接觸總次數（困難聯繫程度）、性別、年齡層、投票意願、戶籍等常用的人口統計變數，以及用以平衡不是每位合格受訪者被抽樣成為受訪者的機率都相同的變數：戶中合格選民數與電話線數，其中各變數的權值配置係參考蘇建州（1998，2000），比較結果參見表6-6。相較於未使用加權變數的民調結果，其中「戶中投票權人數」、「戶中電話線數」、「接觸總次數」、「年齡層」以及「投票意願」等加權變數均達到降低對周錫瑋的高估（或稱對羅文嘉低估）的效果（排序越前者效果越顯著）。有趣的是國內最普遍用於加權的變數「戶籍地」與「性別」的使用反而使得民調與選舉結果間的差距更大。由表6-6發現加權與否，以及如何加權確實會影響到最後民調結果，有鑑於各加權變數之權值配置並無具體立論基礎，此外加權效果（與未加權結果之差異）也未進行統計檢定，因此仍待後續研究來強化上述結果。事實上，本研究目的在加權變數的問題上並沒有意圖要尋求如何加權比較合理或效果最

好，而是藉由實證來突顯不同加權變數的採用會導致不同民調結果。此外，「戶中投票權人數」的權值安排若要符合票票等值原理，部分樣本的權值可能會相差到 10 倍以上，所以只有安排三種等級的權值。

表 6-6　以人口統計特徵變數進行加權估計之結果比較

加權變數	候選人實際得票率、民調支持度與選舉預測			權值配置
	羅文嘉	周錫瑋	其他候選人	
戶中投票權人數	35.22%（↑2.39%）	64.42%（↓2.25%）	0.35%	1-2 人：0.5 3-4 人：0.75 5 人以上：1
戶中電話線數	34.08%（↑1.25%）	65.59%（↓1.08%）	0.32%	1 線：1 2 線以上：0.5
依接觸總次數	33.47%（↑0.64%）	65.68%（↓0.99%）	0.85%	1 次：0.5 2 次以上：1
投票意願	33.41%（↑0.58%）	66.04%（↓0.63%）	0.54%	會：1 不會：0
年齡層	33.07%（↑0.24%）	66.46%（↓0.21%）	0.47%	20-29 歲：2.1 30-39 歲：1.4 40-49 歲：0.9 50-59 歲：0.6 60 歲以上：0.6
戶籍地	32.55%（↓0.28%）	66.89%（↑0.22%）	0.56%	第一選區：1.1 第二選區：0.9 第三選區：1.0
性別	32.25%（↓0.58%）	67.28%（↑0.61%）	0.46%	男：1.1 女：0.9
選舉結果（得票率）	44.30%	54.87%	0.84%	
選前民調	32.83%	66.67%	0.51%	未加權
選後民調	25.26%	74.74%	0.00%	未加權

1. 實際得票率：中央選舉委員會公布之第十五屆台北縣長選舉結果（民國 94 年 12 月 3 日）。
2. 性別、年齡層加權依據：行政院內政部統計處公布之民國 94 年度 12 月人口統計資料。
3. 戶籍地加權依據：中央選舉委員會公布之第十五屆台北縣長選舉結果（民國 94 年 12 月 3 日）。
4. 電話線數加權依據：參考國外 Chilton/ICR(GENESYS Sampling System)與 Louis Harris and Associates 等民調機構使用之加權估計方法。

第六節　結論

　　無論是在民調實務或學術領域上，非抽樣誤差與加權變數的使用都是重要的研究課題。試想民調的抽樣誤差通常在 3 個百分點左右，然而在調查過程中任一個環節卻都可能潛藏數倍，甚至是數十倍於抽樣誤差的非抽樣誤差，因此任一環節的出錯都可能導致民調結果的前功盡棄。

　　事實上，在台灣執行民調的環境是愈來愈困難，民眾的拒訪率愈來愈高，而回應率、接觸率與合作率則是愈來愈低，亦即離所謂的「不具非抽樣誤差」設定的民調環境已是愈來愈遠。因此，實際民調環境中，如何有效地降低非抽樣誤差對民調結果的干擾？如何透過適當的加權估計來改善偏差的樣本結構？如何有效率地進行電話追蹤？都是很重要的課題。此外，對於調查過程中的缺席者（未表態、拒訪、困難聯繫）的基礎研究將有助於未來要建構或改善選舉預測模型準確度，也是重要的研究主題。

　　有鑑於透過選舉民調與選舉結果的交互驗證，是調查技術得以持續改進的重要途徑，本研究以 2005 年台北縣長選舉為例，透過選前、選後固定樣本民調，實證探討電話調查中未表態、拒訪、困難聯繫等三類型受訪者與電話追蹤的效率，以及不同加權變數使用對選舉民調結果的影響。然而由於本研究的實證僅透過選前民調完訪 307 人與選後民調完訪 186 人，在樣本數過少與固定樣本流失比例過高的限制下，本研究的許多結果都僅是初探或臆測，仍有待學術界與實務界後續研究的探討與確認，以進一步瞭解非抽樣誤差問題，進而有助於未來控制或改善其對民調的干擾。

參考文獻

左龍娣，1991　〈台灣地區居民之意見察覺與表達意願研究－沉默螺旋模式在變遷社會適應性初探〉，政治大學新聞研究所碩士論文。

周玫楓、左宗宏，2003　〈以「沉默螺旋理論」探討 2001 年台北縣長選舉選民對候選人認知與台灣前途的表達意願〉，《傳播管理研究》，Vol. 3 No.1 July，頁 69-100。

胡克威，2004　〈電話訪問調查的過程與檢討：「過關」的觀點〉，《調查研究期刊》，Vol. 16，頁 73-104。

翁秀琪，1997　〈選民意見形成－以民國八十二年台北縣縣長選舉為例檢驗「沉默螺旋理論」〉，《新聞學研究》，No.55，頁 160-182。

盛治仁，2000　〈總統選舉預測探討－以情感溫度計預測未表態選民的應用〉，《選舉研究》，Vol. 7 No.2 Nov.，頁 75-107。

蘇建州、梁世武，2005　〈選民獨立性指標之研究〉，《民意研究季刊》，Vol. 223，頁 41-70.

蘇建州，2004　〈一千個樣本估計一億二千萬－美國總統大選民調的實際驗證〉，自由時報，自由廣場，93 年 11 月 11 日，15 版。

蘇建州，2002　〈台灣 2000 年總統選舉民調之準確度評量與影響因素分析〉，《調查研究期刊》，Vol. 12，頁 91-109。

蘇建州，2000　〈電話調查中電話追蹤與加權估計效用之研究－以 2000 年總統選舉在台北市民調為例〉，《民意研究季刊》，頁 78-87。

蘇建州，1998　〈穩健電話調查程序之初探〉，《調查研究期刊》，Vol. 6，頁 73-92。

AAPOR Outcome Rate Calculator Version 2.1(http://www.aapor.org/Calculator.xls)

Cantrill A. H., 1991　The Opinion Connection: Polling, Politics, and the Press. Washington, D.C.: Congressional Quarterly Inc.,

Kennamer, J. D., 1990 "Self-serving biases in perceiving the opinion of others : Implications for the spiral of silence." Communication Research 17：393-404.

NCPP, 2006 "Presidential Poll Performance 2004 Error Calculator." NCPP report (http://www.ncpp.org/1936-2004.htm)

Noelle-Neumann, E., 1974 " The spiral of silence : A theory of public opinion." Journal of Communication 24：43-51.

O'Neil, Michael J., 1979 "Estimating the Nonresponse Bias Due to Refusals in Telephone Surveys." Public Opinion Quarterly 43: 218-388.

Salmon, C. T., and Nichols, J.S., 1983 "The Next-Birthday Method of Respondent Selection." Public Opinion Quarterly, 47:270-76.

Straffin P.D.,1977 "The Bandwagon Curve." American Journal of Political Science 21：695-709.

Traugott, M.W., Highton, B., and Brady, H.E., 2005 "A Review and Proposal for a New Measure of Poll Accuracy." Public Opinion Quarterly 69: 342-369.

Traugott, M.W., 2001 "Assessing Poll Performance in the 2000 Campaign." Public Opinion Quarterly 65:389-419.

Voss, D. T., Gelman, A., and King, G., 1995 "The Polls-A Review, Preeletion Survey Methodology: Details from Eight Polling Organizations, 1988 and 1992." Public Opinion Quarterly 59:98-132.

Wilcox, J.B., 1977 "The Interaction of Refusal and Not-at-Home Sources of Nonresponse Bias." Journal of Marketing Research, 592-97.

Wiseman, F. and McDonald, F., 1979 "Noncontact and Refusal Rates in Consumer Telephone Survey." Journal of Marketing Research 16:478-84.

Xu, M., Bates, B. J., Schweitzer, J. C., 1993 "Impact of Messages on Survey Participation in Answering Machine Households", Public Opinion Quarterly, 57:232-237.

第三篇

調查準確度的評量

第七章　準兩組主要候選人選情的民調準確度評量方法之研究[1]

　　本研究主要是透過評量 2000 年台灣總統選舉民調準確度，探討如何在不同的選情採用不同的評量方法。從 2000 年台灣總統選舉結果顯示，該選舉的選情是介於兩位主要候選人與三位主要候選人的「準-兩位主要候選人」，然而是否不同的選情應該採用不同的民調準確度評量計算方法？本研究修改 Mitofsky and Traugott's 用以評量 1996，2000 與 2004 美國總統選舉（兩位主要候選人）民調表現的方法，提出一套比較合理適用於評量 2000 年台灣總統選舉民調的方法。本研究除了採用修正的方法分析選舉民調表現外，也進一步透過實證探討影響民調準確度差異的因子。

　　There is little systematic study on the question of how poll accuracy should be measured. Should different measures be adopted in different election situations? Expanding upon Mitofsky and Traugott's assessment of the 1996, 2000 and 2004 U.S. pre-election polls, this paper assesses democratic Taiwan's polls in its second direct presidential election in 2000. In this paper, we first discuss the feasibility of accuracy measures in different election situation, and then focus on designing a suitable poll accuracy measurement for Taiwan's 2000, a quasi-two-way election. Next, we adopt the proposed accuracy measurement as a response to evaluate the Taiwanese poll performance. Finally, we analyze the multitude of factors

---

[1]　本章共同作者 Mandy Sha，內容亦刊載於《人文及社會科學集刊》，Vol 19, No.4, pp.317-339, 2007.

that influence polling accuracy by using the proposed and modified measures to compare the effects of eight factors.

第一節　Introduction

Discrepancies between similar surveys undermine the credibility of the results, especially when they share coverage of a population, and are conducted around the same time.　Due to a lack of actual feedback, they often cannot be evaluated.　However, pre-election polls offer a unique advantage that they can be examined by the final outcome of the election. Measuring polling accuracy will contribute greatly to the public's knowledge about their reliability, and serve to encourage self-regulation in the polling industry.　Through measuring the margin of error from the final vote tally, common retrospective assessments post-election can be made. First,　pre-election polls cab be　reexamined from a particular election (Traugott, 2001:389-419; Mitofsky, 1998:230-249; NCPP, 2006) or from a historical comparison (Mitofsky, 1998:230-249; Garand and Parent, 1991:1011-1031; Buchanan, 1986:222-227; NCPP, 2006).　Second, influential factors for poll accuracy can be investigated (Lau, 1994:2-20; Converse and Traugott, 1986:1094-1098; Crespi, 1988:25-33). A variety of poll error calculation methods have been used for measuring accuracy in the past and each serves a different purpose.　Here rises a significant problem: What are the criteria used to determine a suitable polling accuracy method?

Expanding upon Mitofsky (1998:230-249), Traugott's (2001:389-419), and Traugott's (2005:642-656) assessment of the 1996, 2000 and 2004 U.S.

pre-election polls, this paper examines democratic Taiwan's polls in its second direct presidential election in 2000. Data is obtained from 68 polls conducted by 22 sponsoring/polling organizations and published in Taiwan's major newspapers and magazines during the two months preceding the election[2]. Poll data used exclude partial results from tracking polls or those polls that only covered a sub-demographic group. First, we discuss the feasibility of accuracy measures in different election situation, and then focus on designing a suitable accuracy measurement for Taiwan's 2000 polls. Next, we adopt the proposed accuracy measurement as a response to evaluate the Taiwanese poll performance. Since circumstances surrounding major elections can be dynamic as evident in Taiwan's 2000 election, we restrict our assessment to 22 final polls released close to Election Day[3]. Finally, we analyze the eight factors that influence polling accuracy by using the proposed and modified measures: sample size, percent undecided, number of days leading to the election, types of sponsoring organizations, sponsorship, frequency of polls published, days in the field for polling data collection, and weekdays only field period. We used results from all 68 polls in the initial analysis, and then removed 25 outliers in the ensuing

---

[2]　January 8, 2000 to March 7, 2000. Among the 22 organizations, some released more than one polls, thus totaling 68.

[3]　Among the 22 final polls, only 5 were conducted more than 20 days away, as shown in Table 2 in the body of the paper. We are not able to use final polls conducted the day before the election because Taiwanese election law prohibits polling information to be published starting the 10th day before the election. Half of the polls we assessed were released either one or two days before the ban, March 8.

in-depth analysis. A historical poll performance comparison can not be made because 2000 was only Taiwan's second presidential election.

第二節 Presidential Election in 2000 and Pre-Election Polling in Taiwan[4]

The Taiwanese polling experience in 2000 presidential election distinguishes itself from that of the United States in several ways. First, about 36% of polls erroneously foretold the victory of a candidate who actually came in third in the election and lagged behind both leading candidates by more than 13 percentage points. Second, the majority of polls showed an "undecided" percentage of more than 25 percent as reported by the volatile electorate. Furthermore, Taiwan saw a recent phenomenon of a proliferation of polls cited in the media and used by the campaigns.

---

[4] Following the communist victory in the Chinese civil war, the defeated KMT (KuoMinTang, or Nationalists) fled Chinese mainland to Taiwan in 1949. China has since declared Taiwan as a renegade province to be reunited into sovereign Chinese soil. It has also effectively barred Taiwan from joining any major international organization of consequence (with the exception of its recent membership in WTO). Furthermore, Taiwan is not diplomatically recognized by any major industrialized country, including the United States, nor by the United Nation. However, the island has prospered from an agrarian economy of rice and sugar to become one of East Asia's economic "dragons," and has suffered little compared to its counterparts in the Asian financial crisis in 1998-1999. According to the World Fact Book published by US's Central Intelligence Agency (CIA, 2003), Taiwan's foreign reserves are the world's fourth largest (CIA, 2003). Democratization movement in Taiwan formally commenced in the late 80s when the opposition force established the DPP (Democratic Progressive Party) that holds a clear stance on promoting Taiwan's independence from China. Shortly after, the ruling KMT ended the 40-year-long martial law.

On the contrary, US pollsters have been releasing polls for more than 50 years, the small percentage of undecided voters is of little interest to the public, and no polls in the United States predicted a winner that ran third in the election outcome. Although these interesting contrasts exist between the new and veteran polling experiences, both Taiwan and the US face the same dilemma of predicting the election result and measuring poll performance with fairness and precision.

Pre-election polls were of great interest to the consumers of predictions in Taiwan's 2000 presidential election. More than 300 polls[5] were published throughout the campaign and received significant media coverage. However, they were conducted by both credible and problematic sources: research institutes, news organizations, or conveniently established polling agencies. Some organizations sponsored a survey house (polling organization) to conduct polls that the sponsoring organization later released[6], but in most cases, an organization did not sponsor or partner with another survey house. Instead, they conducted the polls themselves. As part of the campaign, the

---

[5] For more than 20 years, pollsters in Taiwan have been publishing predictions of metropolitan election results in academic journals such as the Chung Guo Statistics Journal. As the ban on private newspaper publishing was lifted in 1987, polls have proliferated in the mass media and the internet (Huang 2000).International pollsters reported in mid-90s that polls in Taiwan had generally concerned social and economic issues rather than political questions. However, pre-election polling has emerged rapidly in the late 90s. Public opinion polls have been adopted by the two major political parties, KMT and DPP, as the basis of their candidate nomination system in the party primaries (Wu　and　Fell, 2001).

[6] For example, Global TV and the Journalist sponsored CNA to conduct polls (Global TV/ the Journalist / CAN), and SET TV sponsored to conduct polls (SET TV/Gallup) in Taiwan's 2000.

three leading presidential candidates also released poll results daily. While they accused each other of using "fake" polls in an attempt to mislead voters, all claimed to lead the polls. The election law restricts poll results to be published 10 days before the election. Consequently, an unusually high number of polls were released the day before the ban came into effect.

To some observers, Taiwanese politics has divided along ethnic lines. The former ruling party KMT has been run by Chinese mainlanders that migrated to Taiwan in 1949, while 80 percent of Taiwanese population is ethnic Taiwanese. It made history in 1996 when Lee Teng-hui of KMT became the first native-born president in Taiwan's first democratic direct election. When the second direct presidential election was held in 2000, it quickly developed into a charged race led by three main candidates: Lien Chan of KMT, Chen Shui-Bian of DDP, and an independent candidate James Soong who departed from the KMT to launch his own campaign.

The stakes of Taiwan's 2000 were so high that political strategists and the mass media used a term, "dump-save effect," which is also known as "strategic voting" or "sophisticated voting" (Alvarez and Nagler, 1996:57-75; Schoen, 1999:473-496; Alvarez 2000:23-45; Blais and Nadeau, 1996:39-52; Bowler and Lanoue, 1992:485-499; Burden, 2005:603-618), to describe a psychological factor that drove electoral behavior. When the voters saw that their preferred candidate has little chance of winning, they might choose to "dump" him and "save" (vote) for the second favored candidate against the threat of the less-preferred candidate. "In cases where there are three parties operating under the simple majority, single ballot system, the electors soon realize their votes are wasted if they continue to give them to the third party;

whence their natural tendency to transfer their vote to the less evil of its two adversaries in order to prevent the success of the greater evil" (Duverger, 1954:55-56).

While research shows that there are many factors influencing voter behaviors, the campaigns in this election exposed Taiwanese voters to different "dump-save" scenarios.　For instance, KMT urged its ethnic Chinese mainlander constituency to "dump Soong, save Lien" in fear that the Taiwan-born Chen would win.　On the other hand, DPP promoted the sense of "dump Lien, save Chen" against the less-preferred mainland-born Soong who does not support Taiwanese independence from China (Taipei Times, 2000).　In addition, voters who had grown tired of the KMT monopoly and would not want Lien to continue the legacy might dump either Chen or Soong to save the stronger candidate.　However, the volatile Taiwanese electorate expressed itself in the pre-election polls with a high "undecided" percentage, usually more than 25%.

Soong enjoyed a solid lead in all polls until four months before the election. Then the Chung Hsing Bills Finance Corporation scandal broke out. The KMT alleged that Soong embezzled party funds of nearly US $32 million while he was a high-ranking party leader.　At that time, most polls indicated that it was a turning point for Soong.　TVBS polls showed that Soong's support dropped more than 10%. The voters had apparently been absorbed by Chen because Lien's numbers did not climb.　Soong remained a formidable challenger to Chen. Soong and Chen remained neck and neck in the polls[7]. Although Lien consistently trailed in the local polls, almost all of the election polls over-estimated his votes in the election.   Significant news events continued as the Election Day approached, including the Chinese verbal military threat, multiple big political rallies, and the endorsement of Chen by the respected Taiwanese Nobel laureate, Yuan-Tseh Lee, who headed Academic Sinica. Together the three candidates garnered more than 99% of the final voter turnout: Chen won the presidency with 39.3% of the popular vote and marked an end to 54-year KMT leadership, and the independent candidate James Soong lost by a close margin and fared second with 36.8%. Although the campaign saw three major candidates, the results showed that this was a two-way election after all. Lien of the KMT placed a distant third at 23.1%. Usually, the sample size of pre-election polls are ranged from 800 to 1200, that means the sampling errors for candidates' support difference are 7% around for 95% confidence. In the study, such an election with three major candidates, where the popular votes difference for leading two are too close (less than 7%) to call for regular polls, while the third has a significant difference (more than 10%) behind them is called as a "quasi-two-way election".

---

[7]   The scandal broke out four months before the election, and the polls assessed in this paper were conducted afterwards that reflect the tight race between Soong and Chen.

第三節　Polling Accuracy Measurement

Measures

The Social Science Research Council (SSRC) considered eight possible methods for measuring poll error following the fiascoes of the 1948 polling experience in the US.　They noted that each of these methods has been used at various times and for various purposes, and each has advantages and disadvantages. (Mosteller, 1949:54-59).　The SSRC committee's definitions are as follows.

Measure 1: The difference (without regard to sign) in percentage points between the percentage the winning candidate received in the election and what he received in the poll.

Measure 2: The difference in percentage points between the leading candidates' share of the major party vote from a poll and from the actual vote.

Measure 3: The average (without regard to sign) of the percentage point deviation for each candidate between his estimate and the actual vote.

Measure 4: The average difference (without regard to sign) between a ratio for each candidate and the number one, where the ratio is defined as a candidate's estimate from a poll divided by the candidate's actual vote.

Measure 5: The difference between two differences, where the first difference is the estimate of the vote for the two leading candidates from a poll and the second difference is the election result for the same two candidates.

Measure 6: The maximum difference in percentage points between a party and the actual vote.

Measure 7: The chi-square to test the congruence of the estimated and actual vote distributions.

Measure 8: The difference between the predicted and actual electoral vote.

Mitofsky (1998:230-249) observed that Measures 1, 2, 3, and 5 are commonly adopted by the polling community, while Measures 4, 6, 7, and 8 were not considered as viable options. Further, he argued that the best choice of polling accuracy measure appears to be between Measures 3 and 5. After examining the two measures, Mitofsky advocated using Measure 5 because it allows a suitable comparison over time for both two-way and three-way elections.　He also pointed out two other advantages.　First, it eliminates the need to allocate "undecided" for polls that do not do so. Secondly, Measure 5 has become the measure that the public is accustomed to hearing about as point spread or margin, are often used for reporting poll results.　Nonetheless, Mitofsky used Measures 3 and 5 throughout his evaluation of the 1996 US presidential election polls. Traugott (2001:389-419) and Traugott (2005:642-656) subsequently followed upon Mitofsky's analysis and used the same two measures in their assessment of the 2000 and 2004 US presidential election, respectively.

Other scholars and researchers have preferred and recommended different measures.　In 2000, the National Council on Public Polls (NCPP) presented calculations of presidential poll error from 1936 to 2000 based on Measure 5. Crespi (1988:102-110) concluded that Measures 1, 3, and 6 should be used because empirical data from 343 polls showed that these three measures produce very similar results with highly positively correlation. Furthermore, Crewe (1997:569-585) used Measure 3 for his analysis of 1992 British election and called it "the true test of poll's accuracy." Martin, Traugott, and Kennedy (2005:342-369) have proposed a new measure of predictive accuracy based upon the natural logarithm of the odds ratio of the outcome in a poll and the outcome of the election. The new measure is applied to summarize the results of three presidential elections (1948, 1996, and 2000) polls.

In fact, the estimated votes of candidates are multinomially distributed. The measurement of polling accuracy extracts a "single-dimensional index", which is polling error from the congruence level of the estimated. Therefore, the flexibility of the measure should take into account the final vote distribution of the candidates in the election. Additionally, a good polling accuracy measure has to connect with the public interest. Naturally, different measures should be used in different election situations.

In the following, we classify the SSRC methods according to the election status, which is categorized by the number of major candidates (one-way, two-way, multi-way) in the election result. Here the major candidates are indicated as those who have a significant lead over other candidates in the election.

1. One-Way (Land-Slide) Election:　Measure 1: As indicated by Mitofsky (1998:230-249), "while simple and easily understood, [SSRC Measure 1] is artificial unless the test in the election is whether the leading candidate gets 50 percent or more. The number of the leading candidate alone is of little value in describing the status of an election."　For example, suppose that an election situation that was 40 percent for A, 30 percent for B,

and 30 percent for C, while a poll showed 40 percent for A, 50 percent for B, and 10 percent for C. Measure 1 would have a zero error, although the poll predicted a wrong winner. In other words, SSRC Measure 1 is meaningful only when a poll predicted the correct winner. Measure 1 is particularly useful in a landslide election. Here, we define an election as a landslide if the winner got more than 60% of the vote. Obviously, polls need to pick the correct winner in order to be judged as accurate. Instead of measuring the margin, or average error, between the leading candidates, the percentages of votes the winner got seems to meet the public's interest more closely. Therefore, Measure 1 might be a good choice for assessing poll's accuracy in such an election situation.

2. Two-Way Election: Measures 2 and 5: Measure 2 recalculates in percentage the two leading candidates and adds to 100 percent. In fact, Measure 2 is identical to Measure 5 with the undecided and others proportionately allocated. Nevertheless, Measure 5 (also Measure 2) alone is of little value if we have no information about whether or not the two leading candidates are correctly predicted. For example, suppose that election situation was 40 percent for A, 37 percent for B, and 23 percent for C, while a poll showed 33 percent for A, 30 percent for B, and 37 percent for C. Measure 5 would have a zero error, although the poll incorrectly predicted the two leading candidates, and the winner was predicted as the third. Therefore, when Measures 2 or 5 are adopted, we need an auxiliary mechanism to prevent the wrong measurement as that committed by the poll illustrated above. Measures 2 and 5 are particularly useful in a two-way

election. However, polls need to pick correctly the two leading candidates in order to be judged as accurate in such an election.

3. Multi-Way Election: Measures 3, 4, 6, and 7: The advantage of the polling accuracy measures in this category is that they use the most complete information. However, Measure 6 concerns the largest error for any candidate, even a minor candidate who weighs little in the election outcome. It is therefore not considered a viable option. Measure 4 is an average of relative error, while Measure 3 is an average of pure error. Both measures tend to respectively underestimate or exaggerate small percentage point differences induced from minor candidates. For example, suppose an election situation that was 50 percent for A, 49 percent for B, 0.5 percent for C, and 0.5 percent for D, while a poll showed 45 percent for A, 54 percent for B, 1 percent for C, and 0 percent for D. Measures 3 and 4 would have an error of 2.75 and 55 percentage points, respectively. However, while the leading candidates A and B took 99 % of the vote, their average error sums up to be 5% and 10% as respectively calculated by Measures 3 and 4. The numbers for minor candidates greatly influenced the error calculation. Measures 3 and 4 are only particularly useful if the candidates share approximately equal votes. Crespi (1988) suggested including candidates in the calculation only if they received more than 15 % of the vote. Similarly, to compare with the two-way election situation, we suggest including those candidates who do not have a clear-cut (more than 15%) difference with the leading candidates in calculating Measures 3 and 4.

Rather than a poll error measure, Measure 7 is a Chi-square statistic for testing the congruence of the multinomial distribution. It can be used as an index of testing the significance of the fact that the estimated votes and actual votes are identical multinomial distributed. The larger the Chi-square value is, the worse the performance of the poll is. Here we suggest include all candidates that received more than 0.5 % of the vote.

According to the above classification, US presidential elections from 1936 to 2000 suggest the use of a two-way election measure, except in four elections where the winner had a significant lead over the second place. They occurred in 1984 when Reagan gained 59% votes (18% lead ahead of Mondale), 1972 when Nixon gained 61% votes (23% lead ahead of McGovern), 1964 when Johnson gained 61% votes (22% lead ahead of McGovern), and 1936 when Roosevelt gained 61% votes (24% lead ahead of Landon). In these elections, the leading two candidates gained more than 98 % votes that made them either a true two-way election or one that is similar. This means we actually do not need to address the issue of polling accuracy measures. We endorse Mitofsky's (1998:230-249) conclusion: Measure 5 should be the best choice for comparing US presidential elections over time.[8]

Minor Parties and Undecided Votes

Besides determining a suitable polling accuracy measure, handling the estimates of minor parties and the undecided vote poses a significant

---

[8] It should be noted here that in a two-way election, the distribution of the estimated vote is reduced to a binomial distribution. The effect is that Measures 1, 2, 3, 5, and 6 then become identical.

problem. Since there is no undecided category in the election result, it is necessary to allocate them to insure the comparability from polls to polls. Crespi (1988:42-43) suggested a "15 percent rule" that a minor party candidate who receives less than 15 percent of vote should be eliminated from the poll error calculation. Mitofsky (1998:230-249) discussed the four allocation methods that address the undecided category:

Allocate the undecided in proportion to the votes for candidates in a poll.

Allocate the undecided evenly between the two major parties.

Allocate the undecided to the challenger, if there is an incumbent.

No allocation is required or needed.

Crespi (1988) advocated the use of method 1, proportional allocation, which in effect assumes that the undecided do not vote on the Election Day or split proportionately as the decided in a poll. Mitofsky (1998:230-249) and Traugott (2001:389-419) also suggested the use of proportional allocation before calculating Measure 3. On the other hand, they indicated that no undecided allocation is needed in calculating Measure 5. That means allocation method 4 is used for Measure 5. In fact, the allocation scheme can be further interpreted as follows: If there is *no* allocation used in calculating Measure 3, it is identically mapped to when the undecided are all allocated to those non-major candidates. We can easily see that it is very unreasonable. Similarly, if there is no allocation used in calculating Measure 5, it is identically mapped to a scheme allocating the undecided evenly, not proportionally to the two leading candidates. We can easily understand that this scheme is not fair, except when the vote difference of the two leading candidates is tiny. Therefore, we will proportionately allocate the undecided and minor party votes to the leading two candidates before calculating Measure 5.

第四節　Assessing Taiwan's 2000 Pre-election Polls

Establishing a Suitable Measure

Lien, who came in third in the election, gained almost a quarter of total votes, but lost by a clear-cut difference with the two frontrunners, Chen and Soong. The three of them together make up more than 99% of the vote. The campaign saw three main leading candidates, but according to the classification rule, it shows that this was a two-way election after all as Lien of the KMT placed a distant third, more than 13% behind Chen and Soong. Taiwan's 2000 is a two-way election with a potential third, it is called as a "quasi-two-way election" throughout the paper. Measure 5 should be superior to Measure 3 for Taiwan's 2000, a quasi-two-way election. However, some modifications are necessary for the following reasons. First, more than one-third of Taiwanese final polls predicted a winner that actually came in third, while US polls committed no such mistakes. Additionally, generally more than 25 percent of undecided respondents appeared in Taiwanese pre-election poll reports. In the US, however, the undecided were usually allocated by the pollsters, or less than 5 percent when the percentage were actually shown (NCPP, 2006).

Modified Measure 5: Mitofsky (1998:230-249) advocated the use of SSRC Measure 5 because it eliminates the need to allocating undecided and minor party supports. He argued that under the premise that the goal of pre-election polls is forecasting, the responsibility for allocation should rest with the pollster because the public does not have the information nor the technical knowledge necessary for sophisticated allocation. However, the goal of pre-election polls in Taiwan seemingly aimed not to predict the election outcome, but to inform the public of the likely winners. The polls always revealed a high percentage of undecided, which was not allocated by pollsters. In fact, only two of the sixty-eight Taiwanese polls examined in this paper did their own allocation.

Measure 5 calculates the difference between two differences, where the first difference is the estimate of the vote for the two leading candidates from a poll and the second difference is the election result for the same two candidates. Table 1 compares the second difference and the first difference for two real polls conducted jointly by two news organizations, Global and the Journalist on January 24th, and a polling house called Poll Survey Organization on March 3rd. To further clarify the comparison, a pseudo (dummy) poll "Extreme Case" displays an unreasonable scenario. As shown in Table 1, the second difference is 2.46% (from a total 76.14%), while the first difference is 0.3% (from a total 46.3%), 2.5% (from a total 45.1%), and 2.46% (from a total 22.46%) for Global/ the Journalist, Poll Survey Organization, and the Extreme Case.

Without allocating the "undecided", the third candidate Lien, and other minor candidates' supports, the error measure calculated for Measure 5 is highest for Global/ the Journalist 2.16, but dropped significantly to 0.04 for Poll Survey Organization, and 0 for the Extreme case. However, it is meaningless to subtract the second difference from these first differences, since their total percentages are quite different. Exaggeratedly, the error calculation of SSRC Measure 5 is zero but meaningless.

Table 1. Comparison of Measure 5 and Modified Measure 5

Organizations and Case	Coverage Date	Soong (Independent)	Lien (KMT)	Chen (DPP)	Undecided & Others	Second Difference & (Total)	First Difference & (Total)	Measure 5	Modified Measure 5
Global/ the Journalist	Jan 24	23	16.4	23.3	37.3		0.3 (46.3)	2.16	2.58
Poll Survey Organization	March 3	21.3	23.9	23.8	31		2.5 (45.1)	0.04	2.31
Extreme Case		10	37.54	12.46	40		2.46 (22.46)	0	7.27
Election Result	Mar 18	36.84	23.1	39.3	0.76	2.46 (76.14)			

The modified Measure 5 calculates the relative difference between the two margins, rather than the absolute difference. The effect of this modification resembles that of a proportional allocation of all supports other than the leading two candidates to the leading two candidates. This means that the second difference is modified as 2.46/76.14=3.23%, and the first differences are also modified as 0.3/46.3=0.65%, 2.5/45.1=5.54%, and 2.46/22.46=10.5% for Global/the Journalist, Poll Survey Organization, and extreme case, respectively.

As seen in Table 1, the modified Measure 5 has eliminated the unreasonable zero error calculation for the Extereme Case, but remains unexpected for the error calculation for Poll Survey Organization. According to Measue 5 or the modified Measure 5, it could be concluded that Poll Survey Organization had "good poll performance" because there was a small predicting error of margin for the top two winners.　However, their data is obviously frail – it predicted that Lien would win, but he actually came in third in the election. Global/the Journalist's poll, on the other hand, has predicted the exact right order as the three main candidates came in the poll, as well as revealed that the top two candidates had led by a safe margin with the third finishing just as it is in the actual election.

Rules for Categorizing Polls: Since Chen and Soong had such a clear cut (13.7%) lead over Lien, a mechanism is established to prevent the wrong measurement as that committed by Poll Survey Organization - "only the polls that picked correctly the two leading candidates have the opportunity to be judged as accurate."　The objective is to find a way to prevent the possible hidden error hoodwinked in Measure 5 by which the prediction of who came in third is wrong.

According to how the prediction on the third was made wrong, the polls are divided into the following three categories:

1. Predicted correctly the two leading candidates, meaning that the candidate who came in third was predicted correctly. Therefore, those polls with the order Soong-Chen-Lien or Chen-Soong-Lien are in category 1.

2. Predicted the correct winner, but predicted the second place candidate as the third. Therefore, those polls with the order Chen-Lien-Soong are in category 2.

3. The winner was predicted as the third or the reverse. Therefore, those polls with the order Lien-Chen-Soong, Lien-Soong-Chen or Soong-Lien-Chen are in category 3.

Among the three categories, category 1 is indeed superior to category 2 which is, in turn, superior to category 3. Obviously, the polls in category 3 have the worst performance since they predict the third as the winner or the reverse. Besides, the order Soong-Chen-Lien, as well as Chen-Soong-Lien, is in category 1, is superior to Chen-Lien-Soong which is in category 2. The logic is Chen-Soong-Lien erroneously foretold the order of a candidate who actually came in third in the election and lagged behind both leading candidates by more than 13 percentage points. It would be a serious mistake. Therefore, the rule is simply defined as follows: polls sorted first category are judged more accurate than those in the second category, and so do the second category polls are judged more accurate than the third category polls. Furthermore, the polls in each category are ranked according to the error calculation from modified Measure 5.

Assessment

Table 2 presents 22 final poll results released by the 22 organizations, and the last column shows the poll category as we summarized previously. Only 9 of the 22 final polls predicted correctly the two leading candidates in this quasi-two-way election. Obviously, Taiwan's election polling had a terrible year in 2000.　That motivates us to assess in more detail their poll performance individually.

For the convenience of comparing the results with Mitofsky's (1998:230-249) and Traugott's (2001:389-419), we calculate these 22 polls in Table 3 using Modified Measure 5, Measure 3 with proportional allocation (calculated after allocation of the undecided and the others), and Measure 5 without any allocation, (which were originally used in Mitofsky (1998:230-249) and Traugott (2001:389-419)), and the Chi-square statistic. Also shown are their corresponding error ranking that a rank of 1 was assigned to the poll with the smallest error for a given method.　If more than one poll had the same error, they share their average rank.

Table 3 shows some unreasonable ranking results by Measure 5.　For example, Chinese Society for Polls predicted the wrong winner as Lien, but was still judged as the rank 1 by Measure 5.　In addition, there is no statistically significant difference between the average rank in different categories, while the average rank in category 1 is significantly smaller than those in category 2 or 3 by Measure 3 or Chi-square statistic.　Furthermore, in Table 3, all the polls got similar rank values (maximum rank difference for polls is 3) for Measure 3 and Chi-square statistics. It is reasonable since both measures use the same information in their error calculation.　On the contrary, the ranks induced by Measure 5 are much different from both measures.　That is the reason why we modify the ranking procedure by Measure 5.

Table 4 compares the effect on the errors and rankings, which are assumed to be performance evaluating values, as calculated for Measures 3 and 5, and modified Measure 5, and Chi-square statistics. Similiar results from what we have found in Table 3, the rankings produced by different methods, show that the results derived from Measure 3 and its Chi-square are extremely consistent (r=0.951, p=0.000). While the ranks produced by modified Measure 5 are more consistent with either measure 3 or the Chi-square statistics (r= 0.651 and 0.558, respectively, each is statistically significant) than those produced by Measure 5 (r= 0.011 and -0.057, respectively, each is not statistically significant). That means the modified ranking results by modified Measure 5 are preferable than the original Measure 5.

Table 2.   Two Assessments of Accuracy in Taiwan's Final
2000 Presidential Election Polls

Sponsoring/Polling Organization[9]	DDate	Soong	Lien	Chen	Undecided & Others	Category
Global TV/ the Journalist / CNA	1/ 17	25.3	16.6	25	33.1	1
Common Wealth	1/ 27	27.9	16.1	30	26	1
CTN (TV)	1/ 31	29.1	20.1	26.4	24.4	1
Central Police U.	2/ 19	23.8	25.2	21.3	29.7	3
SET TV/Gallup	2/ 29	23.2	15	22.7	39.1	1
KMT	2/ 29	24	26	23	27	3

[9]   When there is a partnership between the actual polling organization and a sponsoring organization, they are separated by a slashe. For instance, row 1 listed Global TV/New News/CNA, where Global TV and New News sponsored the poll conducted by CNA, and the sponsors released the poll results published on 1/17. However in most cases, the polling and sponsoring organizations are the same.

China Academic Foundation	3/ 1	22.1	25.2	24.1	28.6	3
Power News	3/ 1	20.8	21.9	22.3	35	2
China Times	3/ 3	22	20	22	36	1
Shih Hsin U.	3/ 5	26.9	18.7	24	30.4	1
United News	3/ 5	26	27	22	25	3
Business Development Research Center	3/ 6	19.5	25.8	22.5	32.2	3
Decision & Public Survey Center	3/ 6	24.2	20.3	24.2	31.3	1
Mei-Yu Culture Foundation	3/ 6	21.7	24.1	22.1	32.1	3
Global TV / the Journalist / Focus	3/ 7	26.5	22.8	21.7	29	3
Chen's Campaign	3/ 7	25.1	22.4	25.8	26.7	1
Chinese Society for Polls	3/ 7	21.3	23.9	23.8	31	3
Competition Institution/Big Trendancy	3/ 7	22	24.5	21.3	32.2	3
Soong's Campaign	3/ 7	23.1	17.6	21.1	38.2	1
Lien's Campaign	3/ 7	30.9	34.6	29.4	5.1	3
ROC Women Institution	3/ 7	20.7	22.2	21.8	35.3	3
TVBS (TV)	3/ 7	24	25	26	25	2
Election Result	3/ 18	36.84	23.1	39.3	0.76	

Table 3-1.　Poll Accuracy Measurement, and rankings in Taiwan's Final 2000 Presidential Election Polls

Sponsoring/ Polling Organizations	Measure 3	Rank	Measure 5	Rank	Modified Measure 5	Rank	Chi-square	Rank	Category
Global/ The Journalist / CNA	1.5	2.5	2.8	12	3.8	5	2.38	3	1

Common Wealth	1.0	1	0.4	2	0.4	1	1.28	1	1
CTN (TV)	3.1	4	5.2	19	8.1	8	11.22	4	1
Central Police U.	8.3	18	5.0	18	8.8	20	143.63	21	3
SET TV/Gallup	1.5	2.5	3.0	13	4.3	6	2.19	2	1
KMT	8.2	17	3.5	15	5.4	18	96.95	17	3
China Academic	8.0	15	0.5	4	1.1	13	83.38	14	3
Power News	6.9	12	1.0	6	0.2	10	57.50	11	2
China Times	5.3	9	2.5	10.5	3.2	3.5	37.02	9	1
Shih Hsin U.	3.4	7	5.4	20	8.9	9	12.76	5	1
United News	8.5	19	6.5	21	11.6	21	83.71	15	3
Business Development Research Center	9.8	22	0.5	4	3.9	16	148.73	22	3
Decision & Public Survey Center	4.2	6	2.5	10.5	3.2	3.5	29.11	6	1
Mei-Yu Culture Foundation	8.1	16	2.1	9	2.3	14.5	100.43	18	3
Global TV/ The Journalist/ Focus	6.0	10	7.3	22	13.2	22	54.94	10	3
Chen's Campaign	4.9	8	1.8	8	1.9	2	31.77	8	1
Chinese Society for Polls	7.5	14	0.0	1	2.3	14.5	73.45	13	3

Competition Institution/Big Trendency	8.6	20	3.2	14	4.8	17	102.58	19	3
Soong's Campaign	3.7	6	4.5	17	7.8	7	29.83	7	1
Lien's Campaign	8.8	21	4.0	16	5.7	19	108.81	20	3
Women Institution	7.3	13	1.4	7	0.6	12	85.82	16	3
TVBS (TV)	6.7	11	0.5	4	0.8	11	59.13	12	2
Election Result	36.84	23.1	39.3	0.76					

Table 3-2. Poll Accuracy Measurement, and rankings in Taiwan's Final 2000 Presidential Election Polls

Sponsoring/ Polling Organizations	Measure 3	Rank	Measure 5	Rank	Modified Measure5	Rank	Chi-square	Rank	Category
Global/ The Journalist / CNA	1.5	2.5	2.8	12	3.8	5	2.38	3	1
Common Wealth	1.0	1	0.4	2	0.4	1	1.28	1	1
CTN (TV)	3.1	4	5.2	19	8.1	8	11.22	4	1
Central Police U.	8.3	18	5.0	18	8.8	20	143.63	21	3
SET TV/Gallup	1.5	2.5	3.0	13	4.3	6	2.19	2	1
KMT	8.2	17	3.5	15	5.4	18	96.95	17	3
China Academic	8.0	15	0.5	4	1.1	13	83.38	14	3

Power News	6.9	12	1.0	6	0.2	10	57.50	11	2
China Times	5.3	9	2.5	10.5	3.2	3.5	37.02	9	1
Shih Hsin U.	3.4	7	5.4	20	8.9	9	12.76	5	1
United News	8.5	19	6.5	21	11.6	21	83.71	15	3
Business Development Research Center	9.8	22	0.5	4	3.9	16	148.73	22	3
Decision & Public Survey Center	4.2	6	2.5	10.5	3.2	3.5	29.11	6	1
Mei-Yu Culture Foundation	8.1	16	2.1	9	2.3	14.5	100.43	18	3
Global TV/ The Journalist/ Focus	6.0	10	7.3	22	13.2	22	54.94	10	3
Chen's Campaign	4.9	8	1.8	8	1.9	2	31.77	8	1
Chinese Society for Polls	7.5	14	0.0	1	2.3	14.5	73.45	13	3
Competition Institution/Big Trendency	8.6	20	3.2	14	4.8	17	102.58	19	3
Soong's Campaign	3.7	6	4.5	17	7.8	7	29.83	7	1
Lien's Campaign	8.8	21	4.0	16	5.7	19	108.81	20	3
Women Institution	7.3	13	1.4	7	0.6	12	85.82	16	3

TVBS (TV)	6.7	11	0.5	4	0.8	11	59.13	12	2
Election Result	36.84	23.1	39.3	0.76					

Table 4. Correlation Coefficient among the Ranks Derived
from Different Measure

Variables	Correlation (p-value)
Rank of Measure 3 vs. Rank of Chi-square	0.951 (0.000)
Rank of Measure 3 vs. Rank of Measure 5	0.011 (0.960)
Rank of Chi-square vs. Rank of Measure 5	-0.057 (0.801)
Rank of Measure 3 vs. Rank of Modified Measure 5	0.651 (0.001)
Rank of Chi-square vs. Rank of Modified Measure 5	0.558 (0.007)

Potential Sources of Error in Trial Heat Polls

As Lau (1994:2-20) suggested, other non-sampling aspects of the survey research process affect fluctuating poll results.   The polls may differ on eight independent variables, including sample size, percent undecided & others, number of days leading to election, types of sponsoring organizations (media or non-media), sponsorship (whether an organization sponsored a survey house to conduct the polling, or that they conducted the polls themselves), frequency of polls published by the same organization, field period (days in the field for polling data collection), and weekdays only (timing of survey is conducted on weekdays).[10]

---

[10] We also suspected whether "refusal rate" affected polling accuracy.   However, we were unable to examine this factor because our analysis was constrained by the information released by the sponsoring/polling organizations, and the majority did not

Using 68 pre-election polls published two months before the election, the correlation coefficient is calculated as an initial examination of the relationship between the eight independent variables and dependent variables of modified Measure 5.　Due to missing data, the ordinal probit regression model excludes two independent variables, "field period" and "weekdays only," which were not disclosed by many sponsoring/polling organizations.　As seen in Table 5, only two of the eight correlations are statistically significant.　It may be simply concluded as the following: Lower percentages of undecided & others, and closer the days to election are associated with smaller polling error.　The conclusions meet our expectation or the results from Lau (1994:2-20).　Since we can conjecture that the closer the election, the more certain the voters should be about which candidate they are going to vote on the Election Day.　Besides, the lower the undecided percentage also means the more certain the voters. In conclusion, Days to Election and Percent Undecided & Others are the two most important variables influencing poll accuracy.

In Table 6, the overestimation and underestimation of the votes for the three main candidates are calculated, and are regressed on the eight independent variables.　In order to avoid possible huge noises from those biased polls with poor performance, we restricted our analysis to the 43 polls in the first category, that is, polls that predicted correctly the two leading candidates.　On average, the prediction is an overestimated 7.19 percentage points for Lien, a significantly underestimated 1.88 percentage

---

publish the refusal rate.

points for Soong, and significantly underestimated 5.13 percentage points for Chen.

Furthermore, we can examine the individual effect of each independent variable from the multiple regression models. It is interesting to find that if a poll reduces one percentage point of undecided, the underestimation for Soong is improved by 0.155 percentage points, and the overestimation for Lien would be improved by 0.169 percentage points. This observation points out that more undecided voters significantly tend to vote for Soong than expected. Besides, time until the Election Day has a significant contribution in reducing the amount of underestimation for Soong and so do the overestimation for Lien. Furthermore, comparing with non-media organizations, the overestimation for Lien and underestimation for Chen for media organizations are reduced by about 2.83 and 2.05 percentage points, respectively.

Table 5　Correlation Coefficients and Ordinal Probit Regression for the Rank of Modified Measure 5[11]

Variable	Range	Correlation Coefficient	Regression Coefficients in Ordinal Probit Model
Sample size (N)	858-1567	0.08 (p=0.608, n=43)	0.002 (p=0.617)

---

[11] Since the comparison of modified Measure 5 is only meaningful when the polls are in the same category of prediction, the analysis is based on the data of category=1 (n=43), * p<0.1, ** p<0.05, *** p<0.01

Percent undecided & others	21.7-43.2	0.39^{**} (p=0.012, n=43)	0.554^{***} (p=0.003)
Days leading to election	11-70	0.278^{*} (p=0.093, n=43)	0.234^{*} (p=0.096)
Types of sponsoring organization	0:Media 1:Non-media	0.078 (p=0.617, n=43)	0.113 (p=0.558)
Sponsorship	0:sponsored only 1:did not sponsor other polling organization, conducted polls by self	0.013 (p=0.932, n=43)	3.562 (p=0.113)
Frequency of polls	1-9	0.02 (p=0.899, n=43)	0.127 (p=0.770)
Field Period (days)	1-27	-0.225 (p=0.2, n=34)	-
Weekdays only	0: Weekdays only 1: Include weekend	-0.018 (p=0.918, n=34)	-
Constant			-9.11^{*} (p=0.143)

Table 6   Regression of Over (or Under) Estimation of Vote for Each Candidate[12]

Variable	Soong	Lien	Chen
Sample size	0.001 (p=0.517)	-0.001 (p=0.644)	0.0001 (p=0.946)
Percent undecided & others	0.155^{***} (p=0.005)	-0.169^{**} (p=0.05)	0.013 (p=0.816)
Days leading to election	0.047^{***} (p=0.005)	-0.057^{**} (p=0.027)	0.011 (p=0.519)

---

[12] * p<0.1, ** p<0.05, *** p<0.01

Types of sponsoring organization	-0.792 (p=0.393)	2.83** (p=0.048)	-2.048** (p=0.038)
Sponsorship	-0.524 (p=0.530)	1.415 (p=0.284)	-0.882 (p=0.313)
Frequency of polls	0.046 (p=0.751)	0.127 (p=0.578)	-0.179 (p=0.240)
Constant	-9.01*** (p=0.002)	12.877*** (p=0.005)	-3. 818 (p=0.202)
R^2	0.375	0.353	0.169
Adjusted R^2	0.313	0.290	0.087
Mean	-1.88*** (p=0.000)	7.19*** (p=0.000)	-5.31*** (p=0.000)

5. Conclusion

Pre-election polling in Taiwan has become a popular and important tool for political parties, campaigns, the media, and the public. However, a closer look at the poll performance in Taiwan's 2000 election reveals questionable polling accuracy. While some polling organizations predicted the election results accurately, many failed to do a satisfactory job. The contributions of this paper are three-fold. First, it established criteria for suitable polling accuracy measurements in different election situations. Second, it assessed Taiwanese pre-election polling performance in 2000. Third, it examined the multitude of likely factors that influenced accuracy of poll results in this dynamic election.

We found that the choice of polling accuracy measurement should be taken into account with the election situation. It established criteria for suitable polling accuracy measurement in four possible election situations by categorizing the SSRC measures. In a two-way election or a quasi-two-way election like Taiwan's 2000, SSRC Measure 5 is superior to others. While Measure 5 is adopted in assessing poll performance, we found the terrible hidden error by those extreme "biased" polls. After modification, a fair way for ranking the poll performance by modified Measure 5 is shown.

Using the modified Measure 5 to detect the potential sources of polling error, our results showed that "percent undecided" and "days leading to election" are the two most influential factors affecting polling accuracy in Taiwan's 2000 presidential election. It is demonstrated that a poll tends to be more reliable if it is conducted closer to the Election Day and with lower percentage of undecided – it reduces the amount of underestimation for Soong and the overestimation for Lien. The analysis of over (under) estimation shows why and how these two factors have influenced polling accuracy and serves as an interesting evidence for the diffusion of the "dump-save" effect. Furthermore, our findings echoed Lau (1994:2-20)'s empirical results that showed a significant correlation in the reverse direction where polls conducted closer to the Election Day should present smaller margin of error. Nevertheless, it is interesting to find that type of sponsoring organization is another significant factor impacting estimation, although it is not a significant factor for polling accuracy. It shows that media organization tends not to overestimate Lien's vote but to underestimate Chen's vote.

Taiwan continues to present itself as an interesting model for measuring polling accuracy. In this paper, we had to implement proportional allocation for the high percentage of undecided voters before calculating the polling accuracy for each poll in 2000. However, in the 2004 presidential campaign, many polling organizations have developed their own prediction model for allocating undecided voters. Future research should continue to study the Taiwanese polling environment as it matures, including examining significant factors like "refusal rate" and establishing a historical reputation (quality) record for major sponsoring/polling organizations.

References

Alvarez, R. M and J. Nagler

    2000. "A New Approach for Modeling Strategic Voting in Multiparty Eelections." *British Journal of Political Science*, 30(1):57-75.

Blais, A. and R. Nadeau

    1996. "Measuring Strategic Voting: A Two-step Procedure." *Electoral Studies*, 15(1):39-52.

Bowler, S. and　D. J. Lanoue

    1992. "Strategic and Protest Voting for Third Parties: the Case of the Canadian NDP." *Western Political Quarterly*, 45(2):485-499.

Buchanan, W.

    1986 "Election Predictions: An Empirical Assessment." *Public Opinion Quarterly*, 50(2):222-227.

Burden, B. C.

    2005. "Minor Parties and Strategic Voting in Recent U.S. Presidential Elections." *Electoral Studies*, 24(4):603-618.

Converse, P. E. and M. W. Traugott

    1986. "Assessing the Accuracy of Polls and Surveys." *Science*, 234:1094-1098.

Crespi, I.

　　1988. *Pre-election Polling: Sources of Accuracy and Error*. New York: Russell Sage.

Crewe, I.

　　1997. "The Opinion Polls: Confidence Restored?" *Parliamentary Affairs*, 50(4):569-585.

Duverger, M.

　　1954. *Political Parties: Their Organization and Activity in the Modern State North and North*　New York: John Wiley and Sons.

Garand, J. C. and T. W. Parent.

　　1991. "Representation, Swing, and Bias in U.S. Presidential Elections, 1872-1988." *American Journal of Political Science* 35(4):1011-1031.

Huang, D. W. F.

　　2004. "The Media, Opinion Polls, and the Election."　http://th.gio.gov. tw/p2000/p04.htm

Lau, R. R.

　　1994. "An Analysis of the Accuracy of "Trail Heart" Polls During the 1992 Presidential Election." *Public Opinion Quarterly*, 58(1): 2-20.

Mitofsky, W. J., 1998. "Was 1996 a Worse Year for Polls than 1948?" *Public Opinion Quarterly*, 62(2):230-249.

Mosterller, F.,　P. J. McCarthy, E. S. Marks, and D. B. Truman

　　1949. The Pre-election Polls of 1948.　New York: Social Science Research Council.

NCPP.

　　2006. "Final National Presidential Poll Results, 1936-2004." http://www. ncpp.org/1936-2004.htm

NCPP.

> 2006. "Presidential Poll Performance 2004 Error Calculator." http://
> www.ncpp.org/err_calc.htm

Schoen, H.

> 1999. "Split-ticket Voting in German Federal Elections, 1953–90: An
> Example of Sophisticated Balloting?" *Electoral Studies*, 18(4):
> 473-496.

Taipei Times.

> 2000, March 14. "Lien, Soong Trumping up 'dump-save' Tactics." http://
> www.taipeitimes.com/news/2000/03/14/story/0000027753

Taipei Times.

> 2000, March 21. "Defeat is a bitter pill to swallow for a torn KMT."
> http://www.taipeitimes.com/news/2000/03/21/story/0000028622

CIA (United States Central Intelligence Agency)

> 2003. "Taiwan, The World Fact Book" http://www.cia.gov/cia/
> publications/factbook/geos/tw.html

Traugott, M. W.

> 2005. "The Accuracy of the National Preelection Polls in the 2004
> Presidential Election." *Public Opinion Quarterly*, 69(5):642-656.

Traugott, M. W.

> 2001. "Assessing Poll Performance in the 2000 Campaign." *Public
> Opinion Quarterly*, 65(3):389-419.

Martin, E. A., Traugott, M. W. and Kennedy, C.

> 2005. "A Review and Proposal for a New Measure of Poll Accuracy."
> *Public Opinion Quarterly*, 69(3):342-369.

Wu, C. and D. Fell

> 2001. "Taiwan's Party Primaries in Comparative Perspective."
> *Japanese Journal of Political Science* , 2(1):23-45.

第八章　2000 年總統選舉選舉民調準確度 評量與影響因素之探討[1]

　　選舉調查（預測得票率）是一種很特別的調查，因為可以有最終的 選舉結果作為計算調查準確度的目標值，而藉由評價、比較調查機構在 歷屆選舉預測中的表現，得以使調查技術有持續的進步，不僅有助於提 高選舉預測的品質水準，改進後的調查技術更可廣為其它領域所應用。 然而由於缺乏一套公正、客觀、精確的評量方法，國內民調工作者與學 者都很少在選後針對如何評價選舉預測表現的問題進行探討。

　　近年來在總統與北高市長陸續改由人民直選後，民眾對選舉的關心 與參與已明顯提高，學術界、媒體、調查專業機構更是紛紛在選舉期間 投入選舉預測，因此我們有足夠的民調樣本來探討準確度評量的問題。 然而由於在台灣 2000 年的總統選舉中主要候選人有三位，且大多數民 調中未決定選民的比例都超過 25%，因此 Mitofsky（1998）用以評量 1996 美國總統大選民調，以及 Traugott（2001）用以評量 2000 美國總統大選 民調的方法並不適用評量台灣 2000 年選舉的民調，因此本研究將提出 修正的方法。此外，本研究也將比較不同民調準確度評量法間的一致性 與相關性，以及探討影響調查準確度的七個因子（調查頻率、未決定受 訪者比例、民調出資機構、民調委託與否、調查作業時間長度、樣本數、 與選舉日距離）對台灣 2000 年總統選舉民調的「平均誤差值」與「對 個別候選人高估（或低估值）」的影響。

第一節　緒論

　　大部分的調查研究始終都無法知道所調查的正確值，也因此調查結果缺少一個監督、比較的基礎。然而選舉預測（得票率）則不然，可以有選舉結果作為驗證的目標值。藉由評價調查機構在歷屆選舉預測中的表現得以使調查技術有持續的進步，不僅有助於提高選舉預測的品質水準，而且改進後的調查技術也廣為其它領域所應用。一般在選後常見的回朔性評量（retrospective assessments）包括對當次選舉中各民調機構預測表現進行評量，如 Traugott （2001）、Mitofsky（1998）和 NCPP（2000）等，對歷屆選舉民調機構平均預測表現的評量，如 Mitofsky（1998）、Buchanan（1986）和 NCPP（2000）等，以及分析影響民調準確度的因子，如 Lau（1994）、Converse and Traugott（1986）和 Crespi（1988）等。而進行上述評量或分析前的最重要工作就是要慎選一個合適的「民調準確度評量方法（Polling Accuracy Measurement）」。

　　選舉預測的起源是 Literary Digest 在 1916 年以郵寄「模擬選票」方式預測美國總統大選，而正式使用科學抽樣方法則是從 1936 年的美國總統大選才開始。針對主要調查機構在 1936-2000 期間共 18 次的美國總統大選選舉預測的整體表現來評論，其中除了被視為民調界恥辱的 1948 年（Truman 在各家民調普遍不看好的情況下，反而以高於對手 Dewey 5.6%的得票率贏得選舉）之外，主要民調機構的平均預測品質尚佳，在兩位主要候選人有明顯差距（5%）的選舉中，大部分民調都能在選前最後民調就正確的預測出當選人，而在勢均力敵的選舉中對兩位主要候選人得票率差距的預測也經常是在 95%信心水準（confidence level）下的抽樣誤差範圍內，亦即沒有發現明顯的非抽樣誤差。而且當出現類似 1948 年引起廣泛爭議的選舉預測時，美國國家社會科學研究

委員會（Social Science Research Center, SSRC）就會舉辦公聽會，由各界專家學者共同探討其中原因，研擬改進選舉調查的方法，以重建選舉預測的公信力。而雖然距今已超過 50 年，在 1948 年公聽會中 Mosteller et al.（1949）等人所提出的評量選舉預測準確度方法仍然是現在美國用以評價選舉預測表現的主要工具。

　　反觀我國的情況，近年來在總統與北高市長民選之後，台灣的民主化的腳步向前邁進一大步，民眾對選舉的關心與參與也明顯提高，學術界、媒體、調查專業機構更是紛紛在選舉期間投入選舉預測，以 2000 年總統大選為例，推估選舉調查與預測的總數超過 200 次以上。然而選舉預測在「量」的增加之餘，並未促使在「質」的提升。在 2000 年總統大選中，幾乎所有的調查機構都嚴重高估連戰的選情，而在最近的北高市長選舉，選後結果也都是令民調專家跌破眼鏡（蘇建州 1998），這已使得選舉預測逐漸失去公信力，而民眾也失去對選舉預測的可信度。而相較對選前民調數字的重視，我們實在忽略在選後藉由評價選舉預測的表現檢討改進調查與預測方法的重要性。國內調查機構應可仿傚美國在 1948 年後訂定自律公約的作法（李大為 1998），使得選舉預測的作業與發佈方式有所規範。此外，也需要一套具公信力的「準確度評量」方法來衡量調查結果的績效表現，以便於建立調查品質的監督、稽核與評比的機制。Su and Sha（2002）使用 Mosteller et al.（1949）與 Mitofsky（1998）的方法來評比民調機構在 2000 年總統選舉預測中的表現，結果發現這些方法明顯的不適用，原因是此次總統選舉有 3 位（不是 2 位）主要候選人，以及國內調查環境中未決定受訪者動輒 2-3 成以上（不是 2-3%）。本研究將探討準確度評量方法的適用性，並提出適用於分析台灣 2000 年選舉民調準確度評量方法。此外，本研究也將進一步比較不同民調準確度評量法間的一致性與相關性，以及探討影響調查準確度的

七個因子（調查頻率、未決定受訪者比例、民調出資機構、民調委託與否、調查作業時間長度、樣本數、與選舉日距離）對「平均誤差值」與「對個別候選人高估（或低估）值」的影響。

第二節　選舉預測的準確度評量問題

　　在經歷 1948 年美國總統選舉預測失敗之後，Mosteller et al.（1949）在國家社會科學研究委員會（SSRC）提出八種方法來評量選舉預測的準確度，這八種方法是往後 50 年評價選舉預測表現的重要工具。直到 1996 年的美國總統大選之後，選舉預測準確度的衡量問題才再次引起廣泛的研究與討論。在 1996 年的美國總統大選中，Clinton 雖然如選前大部分調查機構所預測的贏得選舉，然而這些選舉預測卻都普遍嚴重高估 Clinton 與 Dole 的得票率差距，以 Ladd（1996）為首的學者與媒體紛紛提出嚴厲的評論，認為 1996 年選舉預測的準確度不如 1948 年，因此要求比照在 1948 年的作法召開公聽會檢討。而 Mitofsky（1998）則持相反的看法，並針對批評提出主、客觀論點證明 1996 年選舉預測的表現不但遠比 1948 年好，而且與歷屆總統選舉預測的表現比較也有中等以上的水準。然而為何對於同一選舉預測的表現會有如此截然不同的評價？原因是雙方對於選舉預測的目的有不同的解讀，因而採用不同的準確度評量計算方法。選舉預測的目的不外是預測當選者、估計候選人間得票率差距，或是預測個別候選人的得票率。而在 Mosteller et al.（1949）所提出的八種準確度衡量方法各有其優、缺點與不同的目的考量，本研究將針對其中四種方法用於分析台灣 2000 年總統選舉民調表現的適用性問題進行探討（其他四種方法明顯不適用或是可以歸併到上述方法），以下是對這四種方法的簡述：

　　方法一（SSRC Measure1）：當選人在民調中預估得票率與選舉真正得票率的差距的絕對值。假設當選人 A 的民調支持率分別為 P'_A，實際得票率 P_A，則誤差值的計算方式為：

　　民調誤差值＝$| P'_A-P_A |$

　　方法二（SSRC Measure 3）：主要候選人估計得票率與實際得票率差異之絕對值平均。如何取捨主要候選人仍是一個爭議性的問題。一般是採取 Crespi（1988）的建議納入所為得票率超過 15%以上的候選人。假設主要候選人 A、B、C 的民調支持率分別為 P'_A、P'_B、P'_C，實際得票率 P_A、P_B、P_C，則誤差值的計算方式為：

　　民調誤差值＝$(| P'_A-P_A | + | P'_B-P_B | + | P'_C-P_C |)／3$

　　方法三（SSRC Measure 5）：兩個差異的差異的絕對值。第一個差異是領先的兩位候選人估計得票率差；第二個差異是相同兩位候選人實際得票率差。假設領先的兩位候選人 A、B 二人，其民調支持率分別為 P'_A、P'_B，實際得票率 P_A、P_B，則誤差值計算的方式為：

　　民調誤差值＝$| (P'_A-P'_B)-(P_A-P_B) |$

　　方法四（SSRC Measure 7）：用以檢定民調結果（抽樣分配）與選舉結果一致性的卡方（Chi-square）檢定統計量度。假設 n 為民調中的有效樣本數，候選人 A、B、C 的民調支持率分別為 P'_A、P'_B、P'_C，實際得票率 P_A、P_B、P_C，其餘候選人之 np 值都小於 5，則卡方值的計算方式為：

　　$X^2=(nP'_A-nP_A)^2/nP_A + (nP'_B -n P_B)^2/nP_B + (nP'_C-nP_C)^2/nP_C$

　　在上述四種方法中以方法二（SSRC Measure 3）與方法三（SSRC Measure 5）最為普遍被討論與使用。Mitofsky（1998）與 Traugott（2001）分別使用這兩種方法評量 1996 與 2000 年美國總統民調的表現。事實上，在經過各方面的評估分析後，Mitofsky 認為方法三是最佳的選擇，

因為此方法不須處理未決定選民，同時此方法所測量的正是媒體最經常報導的指標。此外，方法三是唯一可適用於兩位候選人選舉或是多候選人選舉，因此可以用以比較歷屆選舉的表現。而美國國家民意調查委員會（The National Council on Public Polls（NCPP）2000）用以評量 1936到 2000 年總統選舉民調的平均表現，以及 2000 年各家民調機構表現所使用的方法也是方法三。此外，Crespi（1988, p.22）則建議使用方法一與方法二，根據其對 343 個美國選舉民調個案的分析結果發現，這兩種方法具有高度正相關，亦即此二方法有很高的一致性。此外，Crewe（1997, p580）偏好使用方法二來評量 1992 年英國選舉，他宣稱此方法是「對民調準確度的真實測量（the true test of poll's accuracy）」。

雖然方法四很少用以評量民調準確度，但是有鑑於卡方檢定統計量（Chi-square tests statistic）是在嚴謹統計理論下所推演的結果，其目的在檢定抽樣樣本分配（民調結果）是否服從特定的多重項分配（Multinomial distribution，此即選舉結果），因此也將方法四納入本研究所討論的民調準確度評量方法之一。

在決定準確度評量方法後的另一件重要工作是如何安排在民調中的「未決定受訪者」（allocation of undecided），由於在選舉結果中並沒有未決定受訪者」此一類別，因此必須安排未決定受訪者比例，使得在民調結果中所有候選人支持度和為 100%，如此不同民調間才具有可比較性（comparability）。關於如何處理民調中未決定選民的問題，Mitofsky（1998）所提出三種可行的方法如下：

一、等比例分配（allocate proportionately）：按候選人在民調中的得票率等比例分配未決定受訪者到各候選人。

二、等量分配（allocate evenly）：等量分配未決定受訪者到最領先的兩位候選人。

三、分配給非現任候選人（allocate to the challenger）

Crespi（1988）建議使用第一種方法，根據其實地訪問從事民調工作的專案後，發現等比例分配的作法最接近他們實務處理未決定選民的方式。而事實上，等比例分配未決定選民作法是假設這些人在選舉日當天沒有去投票，或是按照已決定選民的支持度比例進行投票行為，應屬合理的假設。而本研究也將以此方法處理未決定選民。

第三節　台灣 2000 年總統選舉與民調

回顧在 2000 年台灣第二次的總統直選中，共計有五位候選人，其中陳水扁、宋楚瑜和連戰是三位主要候選人，共囊括超過 99%的選票，而陳水扁以 39.3%的選票贏得選舉，宋楚瑜以 36.8%選票居次，連戰第三獲得 23.1%的選票。在此次選舉過程中最戲劇性的轉折點莫過於在 1999 年 12 月所爆發的「興票事件」。在興票事件發生之前，大多數民調所預測的選情都是宋楚瑜以明顯差距領先其他兩位候選人，而在此事件後的民調預測才逐漸是三強鼎立的局勢。有鑑於各候選人支持度隨著興票事件後續發展所產生劇烈震盪，因此本研究只針對在 2000 年 1 月 8 日至 3 月 7 日（法定准許公佈民調結果的最後期限日）期間於台灣發行的主要平面媒體（中國時報、聯合報、自由時報、中央日報、勁報、新新聞、天下雜誌、TVBS 周刊等）報載的民調結果進行實證研究。其中若同一民調機構在此期間有兩次以上的民調公布則只納入最接近選舉日的結果，此外也排除只針對局部區域、性別、職業、族群為目標母體的民調。最後共計有 22 家民調機構的民調結果，如表 8-1。

表 8-1　2000 年總統選舉民調資料

民調發佈單位	日期	宋楚瑜	連戰	陳水扁	其他未決定	預測順序
環球電視／新新聞／中央通訊社	1/ 17	25.3	16.6	25	33.1	宋陳連
天下雜誌	1/ 27	27.9	16.1	30	26	陳宋連
傳訊電視	1/ 31	29.1	20.1	26.4	24.4	宋陳連
中央警察大學	2/ 19	23.8	25.2	21.3	29.7	連宋陳
三立電視／蓋洛普	2/ 29	23.2	15	22.7	39.1	宋陳連
國民黨中央政策會	2/ 29	24	26	23	27	連宋陳
中華學術基金會	3/ 1	22.1	25.2	24.1	28.6	連陳宋
勁報	3/ 1	20.8	21.9	22.3	35	連陳宋
中國時報	3/ 3	22	20	22	36	(陳宋)連
世新大學	3/ 5	26.9	18.7	24	30.4	宋陳連
聯合報	3/ 5	26	27	22	25	連宋陳
企業發展研究學會	3/ 6	19.5	25.8	22.5	32.2	連陳宋
民間決策國際公關民調中心	3/ 6	24.2	20.3	24.2	31.3	(陳宋)連
明裕文化基金會	3/ 6	21.7	24.1	22.1	32.1	連宋陳
環球電視／新新聞／山水民調	3/ 7	26.5	22.8	21.7	29	宋陳連
陳水扁競選總部	3/ 7	25.1	22.4	25.8	26.7	陳宋連
民意測驗學會	3/ 7	21.3	23.9	23.8	31	連陳宋
國家競爭力研究學會／大趨勢民調	3/ 7	22	24.5	21.3	32.2	連宋陳
宋楚瑜競選總部	3/ 7	23.1	17.6	21.1	38.2	宋陳連
連蕭競選總部	3/ 7	30.9	34.6	29.4	5.1	連宋陳
中華民國婦女創業協會	3/ 7	20.7	22.2	21.8	35.3	連陳宋
TVBS 民調中心	3/ 7	24	25	26	25	陳連宋
選舉結果	3/ 18	36.84	23.1	39.3	0.76	

　　面對表 8-1 所呈現的民調數字，許多民調專家會開始擔心民調在台灣的公信力問題。雖然 2000 年台灣選舉的結果是：「領先的兩位候選人（陳水扁與宋楚瑜）與第三高票連戰間有明顯的差距（超過 13%）」，但在 22 家民調機構的最後民調中居然有高達 10 家（45.5%）預測連戰最

高票，3家（13.5%）預測連戰第二（2家估計陳水扁當選，1家估計宋楚瑜），只有 9 家（41%）準確預測領先的兩位候選人是陳水扁與宋楚瑜（其中 5 家預測宋楚瑜勝選，2 家預測宋楚瑜與陳水扁平手，只有 2 家估計陳水扁當選）。如何評量這 22 家民調機構的表現？該使用那一種民調準確度評量方法？以下將就不同評量方法間的關聯性與適用性問題進行探討。首先以下面的例子說明為何在美國最普遍使用的方法三（SSRC Measure 5）在此並不適用。

表 8-2　方法三與修正後方法三之比較

	日期	宋楚瑜	連戰	陳水扁	其他&未決定	陳宋差異（總和）	方法三	修正後方法三
選舉結果	3/18	36.84	23.1	39.3	0.76	2.46（76.14）		
陳競選總部	3/ 7	25.1	22.4	25.8	26.7	0.7（50.9）	1.76	1.85
婦女創業協會	3/ 7	20.7	22.2	21.8	35.3	1.1（42.5）	1.36	0.64
極端個案		10	37.54	12.46	40	2.46（22.46）	0	7.72

方法三所測量的是兩個差異的差異的絕對值；其中第一個差異是領先的兩位候選人估計得票率差，而第二個差異則是相同兩位候選人實際得票率差。在表 8-2 中，第二個差異是 2.46%（兩位領先候選人共獲 76.14%的選票）。在陳水扁競選總部民調中的第一個差異為 0.7%（兩位領先候選人共獲 42.5%的民調支持），而在婦女創業協會民調中的第一個差異為 1.1%（兩位領先候選人共獲 50.9%的民調支持），以及在「極

端個案」中的第一個差異為 2.46%（兩位領先候選人共獲 22.46%的支持）。比較方法三的結果發現以「極端個案」的誤差值為 0 最小，其次是婦女創業協會的 1.36%，以及陳水扁競選總部的 1.76%。然而上述三個民調表現的優劣卻是明顯而相反的結果：陳水扁競選總部準確的估計出三位候選人的順序，同時也顯示出陳、宋的得票率接近，並與連戰有較大的差距，這樣的預測與選舉結果狀態（election status）最為接近，因此應該給予最佳的準確度評價（即較小的誤差值）才合理；而「極端個案」與婦女創業協會的民調都很不理想。顯然方法三並不適用於評量台灣 2000 年民調的準確度。

由於來自總和為 76.14%，42.5%，與 50.9%的差異值應不具有可比較性（comparability）。此外，Mitofsky（1998）與 Traugott（2001）等之所以極力建議使用方法三的理由之一：「不需要分配未決定選民與其他候選人的支持度」是基於歷屆美國總統選舉大多是兩位主要候選人，以及多數民調中並未有未決定選民（民調機構已自行分配未決定受訪者）或是僅有極小比例（大多是 5%以下）的未決定選民。然而檢視 2000 年台灣總統民調並不具此特性（在 22 家民調機構中只有 1 家自行分配未決定選民，其他所公佈未決定選民比例大多是在 25%以上），因此本研究對方法三的第一個修正是「將未決定選民與其他（除領先 2 位候選人之外）等比例分配給兩位領先候選人後再計算方法三」，此作法的意義在於重新分配百分比使得兩位領先候選人的估計與實際得票率的總和都為 100%，因此其間的差異才具有可比較性。而經過上述修正後，第二個差異是 3.23%（46/76.14）；而在第一個差異部分，陳水扁競選總部民調為 1.38%（0.7/50.9），婦女創業協會民調中為 2.59%（1.1/42.5），以及在「極端個案」中為 10.95%（2.46/22.46）。比較在表二中修正後方法三的結果發現，雖然改善極端個案的誤差值為 0 的

謬誤，但仍然無法克服在方法三中因完全忽略第三高票候選人所造成的盲點，因此進一步修正方法三對民調的排序規則。首先，將民調分為兩類：

第一類：正確估計陳與宋為領先的兩位候選人的民調。

第二類：未能正確估計陳與宋為領先的兩位候選人的民調。

在同一類的民調中，依修正方法三誤差值大小排序，而所有第一類民調的排序都在第二類民調之前。事實上，此作法是一種處罰的機制，目的在處罰在領先的兩位候選人與第三位候選人有明顯差距（clear cut，在此差距超過 13%）的選舉中，未能正確偵測出兩位領先的候選人的民調。

表 8-3 列出以五種準確度評量方法（包括修正後的方法三）對 22 家民調機構的預測表現所進行的排序結果。其中誤差值最小的民調排名第一，依此類推。而如果有兩家（含）以上的民調有相同的誤差值則這些民調都安排相同名次：他們應有名次的平均值。在表 8-3 中，以天下雜誌民調的表現最佳，因為除方法三外，無論採用何種方法都是評量為第一名。事實上除方法三外的四種方法的排序結果的差異不大（以不同方法排序同一民調差距大部分都在三個名次以內）。呼應在表三中所發現的現象，表 8-4 進一步說明以各種評量方法排序的相關性與一致性。結果發現各方法間（除方法三外），具有高度且顯著的正相關，亦即除方法三外，包括修正後方法三的四種方法頗具一致性。顯然修正後的方法三改善原方法中的盲點，達到預期的效果。

表 8-3　各種評量方法之排序

民調發佈單位	方法一	方法二	方法三	修正後 方法三	方法四	預測順序
環球電視／新新聞／中央通訊社	2	3	12	5	3	宋陳連
天下雜誌	1	1	2	1	1	陳宋連
傳訊電視	6	5.5	19	8	4	宋陳連
中央警察大學	21	18	18	20	21	連宋陳
三立電視／蓋洛普	3	2	13	6	2	宋陳連
國民黨中央政策會	17	19	15	18	17	連宋陳
中華學術基金會	13	16	4	13	14	連陳宋
勁報	11	11	6	10	11	連陳宋
中國時報	10	8	10.5	3.5	9	(陳宋)連
世新大學	8.5	5.5	20	9	5	宋陳連
聯合報	22	20	21	21	15	連宋陳
企業發展研究學會	15	21	4	16	22	連陳宋
民間決策國際公關民調中心	4.5	7	10.5	3.5	6	(陳宋)連
明裕文化基金會	16	15	9	14.5	18	連陳宋
環球電視／新新聞／山水民調	20	10	22	22	10	宋陳連
陳水扁競選總部	4.5	9	8	2	8	陳宋連
民意測驗學會	8.5	14	1	14.5	13	連陳宋
國家競爭力研究學會／大趨勢	18	17	14	17	19	連宋陳
宋楚瑜競選總部	12	4	17	7	7	宋陳連
連蕭競選總部	19	22	16	19	20	連宋陳
中華民國婦女創業協會	14	12	7	12	16	連陳宋
TVBS 民調中心	7	13	4	11	12	陳連宋

表 8-4　以不同民調評量方法排序之相關性

		方法一 rank	方法二 rank	方法三 rank	修正後 方法三 rank	方法四 rank
方法一 rank	Pearson 相關 顯著性（雙尾） 個數					
方法二 Rank	Pearson 相關 顯著性（雙尾） 個數	.838** .000 22				
方法三 Rank	Pearson 相關 顯著性（雙尾） 個數	.429* .046 22	.011 .960 22			
修正後 方法三 rank	Pearson 相關 顯著性（雙尾） 個數	.783** .000 22	.651** .001 22	.339 .122 22		
方法四 rank	Pearson 相關 顯著性（雙尾） 個數	.823** .000 22	.972** .000 22	-.034 .881 22	.594** .004 22	

**.在顯著水準為 0.01 時（雙尾），相關顯著。
*.在顯著水準為 0.05 時（雙尾），相關顯著。

第四節　影響民調準確度因子

　　影響民調準確度的因素既多且複雜，舉凡民調機構在進行民調過程的每一步驟都會影響民調的準確度。而本研究謹就民調報告中所提供的資訊整理出七個可能會影響民調準確度的因子進行分析，分別是樣本數、調查期間天數、未決定與其他候選人比例、距選舉日天數、民調出資機構、民調委託與否，以及最後兩個月調查頻率。其中有鑑於媒體在民調報導中所扮演的極特殊角色（Cantrill 1988），以及便於迴歸模式的

分析，因此將民調出資機構概分為媒體與非媒體兩個類別。在民調準確
度評量方法方面，由於除方法三的四種方法間具有一致性，而方法二（平
均誤差值）是最容易解釋與普遍使用的方法，因此以下就以方法二作為
民調誤差值的計算基準。表 8-5 中呈現各變數的範圍，以及其與方法二
的相關係數。其中只有距選舉日天數與民調出資機構兩個變數與風法二
間有統計顯著的相關，而其他五個變數，包括樣本數（應該會直接影響
抽樣誤差）則未達 0.05 的顯著水準。而由相關係數顯示：「距離選舉日
愈近，民調誤差愈大」，此結果與一般預期或研究結果（如 Lau 1984,
Crespi 1988）正好相反。此外，另一個達到統計顯著水準的結論是「由
傳播媒體出資進行的民調比非傳播媒體的民調誤差值小」也是一個有趣
的結果發現。

表 8-5　自變數與平均誤差值（方法二）之相關係數

變數名稱	範圍	相關係數
樣本數	858-1567	0.161（p＝0.474, n＝22）
調查期間天數	1-25	-0.128（p＝0.625, n＝17）
未決定與其他候選人比例	5.1-39.1	-0.274（p＝0.218, n＝22）
距選舉日天數	11-61	-0.593[**]（p＝0.004, n＝22）
民調出資機構	0：非傳播媒體 1：傳播媒體	-0.468[**]（p＝0.028, n＝22）
民調委託與否	0：自行調查 1：委託調查	-0.283（p＝0.202, n＝22）
最後兩個月調查頻率	1-9	-0.057（p＝0.801, n＝22）

此外，本研究亦針對 22 家民調結果對三個主要候選人的高（低）
估值進行獨立 t 檢定。結果是民調平均約對連戰高估 8.6 個百分比，以
及對陳水扁與宋楚瑜分別大約低估 5.8 與 2.8 個百分比，而且都達到 0.05

的統計顯著水準。在表六中,是針對七個自變數分別與方法二,以及三位主要候選人高(低)估值進行複迴歸分析的結果,其中是以逐步迴歸法捨去不顯著變數後的模式。在表六中的四個迴歸模式結果都只有「未決定與其他候選人比例」與「距選舉日天數」等兩個自變數留在模式中,其他的變數都因為未達貢獻度而捨去。茲將最後迴歸模式的結果歸納成下列兩個結論:

一、「未決定與其他候選人比例」愈高的民調,其平均誤差值(方法二)愈小。其中「未決定與其他候選人比例」每多1個百分比,則平均誤差值約減少0.3個百分比,對連戰的高估約減少0,2個百分比,以及對陳水扁的低估約減少0.3個百分點。

二、「距選舉日天數」愈多的民調,其平均誤差值(方法二)愈小。其中「距選舉日天數」每多1天,則平均誤差值大約減少0.1個百分比.對連戰的高估約減少0.2個百分比,以及對宋楚瑜和陳水扁的低估都大約減少0.1個百分點。

　　同樣的上述兩個結論都只是實證結果的發現,而此結果也都與一般預期的結果正好相反。

表 8-6　以方法二與個別候選人高(低)估為反應值的迴歸模式(逐步迴歸法)

變數名稱	方法二	對連高估	對宋高估	對陳高估
未決定與其他	-0.292	-0.231	---	0.319
候選人比例	(p=0.083)	(p=0.086)		(p=0.093)
距選舉日天數	-0.109	-0.198	0.101	0.097
	(p=0.004)	(p=0.002)	(p=0.017)	(p=0.009)
常數項	8.066	12.379	-4.737	-7.630
	(p=0.000)	(p=0.000)	(p=0.000)	(p=0.000)
R^2	0.352	0.388	0.252	0.294
修正後 R^2	0.315	0.348	0.215	0.259

第五節 結論

當不同調查機構在相同調查期間，針對相同調查主題，卻得到「差異很大」的調查結果時，經常會使得民眾無所適從。不幸地，上述現象卻不斷地在選舉期間發生。然而，若我們能建立一套公平、客觀的民調準確度評量的機制，將有助於民眾透過民調出資（或執行）機構過去的選舉預測表現等資訊，作為判斷民調可信度的依據。

民調準確度評量問題無論在國、內外都仍是極具爭議性的問題（Mitofsky 1998,1999, Panagakis 1999, Crespi 1988），原因是各種評量方法的計算方式，都有其特殊目的考量，所以有其優點與缺點。也因此一直無法有個一具公信力（公正、客觀）的方法可以用以評量、比較所有不同的選舉狀態。因此，經常的作法是在選後才依據選舉狀態（election status）選擇合適的民調準確度評量方法（Su and Sha 2002）。國內關於民調準確度評量法的研究不多，因此希望藉由本研究初探性的探討台灣2000 年總統選舉民調表現問題，將來能有更多的後續研究與討論。

參考文獻

李大為（1998），台灣與美國大選媒體民意調查之比較研究，中華民國新聞評議委員會。

蘇建州（1998），從民調數字解構北高市長選情：「看好度」成逆向指標，自由時報，15 版，12 月 9 日。

Buchanan, W. (1986), "Election Predictions: An Empirical Assessment." Public Opinion Quarterly, pp. 222-227.

Cantrill, A. H. (1988), The Opinion Connection: Polling, Politics, and the Press, Washington, D. C.: Congressional Quarterly Inc.

Converse, P. E., and Traugott M. W. (1986), "Assessing the Accuracy of Polls and Surveys." Science, pp. 1094-1098.

Crespi, I. (1988), Pre-election Polling: Sources of Accuracy and Error. New York: Russell Sage.

Crewe, I. (1997), "The Opinion Polls: Confidence Restored?" Parliamentary Affairs, pp. 569-585.

Donald P. Green, Alan S. Gerber, and Suzanna L. DE BOEF (1999), "Tracking Opinion over Time: A Method for Reducing Sampling Error," Public Opinion Quarterly, pp.179-192

Ladd, E. C. (1996), "The Election Polls: An American Waterloo." Chronicle of Higher Education," November 22, p. A52.

Lau, R. R. (1994), "An Analysis of the Accuracy of "Trail Heat" Polls During the 1992 Presidential Election." Public Opinion Quarterly, pp.2-20

Mitofsky, W. J.(1999), "Reply to Panagakis," Public Opinion Quarterly, pp. 282-284

Mitofsky, W. J.(1998), "Was 1996 a Worse Year for Polls than 1948?" Public Opinion Quarterly, pp. 230-249.

Mosterller, F., McCarthy, P. J., Marks, E. S., and Truman D. B. (1949), The Pre-election Polls of 1948. New York: Social Science Research Council.

NCPP (2001), "Presidential Poll Performance 2000 Error Calculator," NCPP report (http://www.ncpp.org)

Panagakis N. (1999), "Response To "Was 1996 a Worse Year for Polls Than 1948?," " Public Opinion Quarterly, pp. 278-281.

Su, C. C. and Sha, M.(2002), "An Analysis of Taiwan's Presidential Poll Performance 2000," 57th Annual AAPOR Conference, Florida, U.S.A.

Traugott, M.W. (2001), "Assessing Poll Performance in the 2000 Campaign, Public Opinion Quarterly," pp.389-419.

第九章 2004 年總統選舉選舉民調準確度評量與影響因素之探討[1]

　　民調新聞已成為選舉期間的重要熱門議題,學術機構、媒體、專業調查機構、政黨都紛紛投入大量資源進行民調。面對如此多元來源、頻繁和賽馬式波動的民調數字,民調新聞的消費者經常無所適從。本研究首先針對年代、TVBS、山水民調/中天與台灣智庫、中國時報、聯合報、世新民調/蘋果日報、國親陣營與民進黨陣營在 2004 年總統選舉期間的民調作為推估候選人動態支持度的基礎,並針對可能影響民調差異的因子進行分析探討。

第一節　緒論

　　當我們發現不同機構在相近調查時間所作的民調數字有很大的差異時,該相信那家民調的結果?判斷的依據為何?是用樣本數(抽樣誤差)?加權估計法?還是對發佈(執行)民調媒體(機構)的信賴度?然而民意調查到底是不是一種科學方法?事實上,選舉民調是一種很特別的調查,因為針對相同目標母體與主題,在相同(近)的調查期間內,經常會有不同機構進行大量與重覆的調查,這是大多數調查主題的研究所不能及的。此外,最終候選人的實際得票率或同期間其他機構的調查結果都可以作為檢視民調表現與計算調查誤差值的依據,此乃促使調查技術得以持續進步的重要推力,而藉由歷次對選舉民調表現的檢討,不僅有助於提高選舉預測的品質水準,改進後的調查技術也已廣為其它領

---

[1] 本章內容亦刊載於《民意研究季刊》,Vol.224, 2006.

域所應用。然而以選舉結果作為評量民調表現的目標值的前提是：候選人在選舉調查期間的支持度必須是「完美穩定（Perfect Stability[2]，Green, Gerber, and Boef 1999）」，回顧 2004 年台灣總統選舉期間發生了許多明顯導致選情變化的重大事件，例如 228 手護台灣、313 大遊行，乃至於選前一天的總統、副總統遭槍擊事件等，顯然是不符合選情穩定的基本假設，因此根據單一標準（選舉結果）來評斷所有選前民調的表現是不公平，也不合理的。有鑑於此，本研究初探性的先透過不同執行期間與機構的民調，建構動態的候選人民調支持度模式，其中納入日期與民調機構等虛擬變數，動態的估計候選人在不同時間點的民調支持度，再藉以作為計算個別民調差距（波動）值的基準。

台灣在經歷總統直接民選與首次政黨輪替之後，民主化的腳步已向前邁進一大步，而民眾對選舉的關心與參與也明顯提高，學術界、媒體、調查專業機構更是紛紛在選舉期間投入選舉預測。以 2004 年總統選舉為例，各種正式的選舉調查與預測總數（以電訪為主，其他方式包括網路調查、人員訪問、電話語音調查等）超過 500 次以上。然而相較對選前民調數字的重視，無論是民調實務界或學術界都忽略在選後藉由評價選舉民調（預測）表現來改進調查與預測技的重要性。

事實上，大多數的調查研究，如收視率，發行量，滿意度……等都因為所調查的實際參數值不可知，因而無從評價調查結果的準確性，然而選舉（得票率）預測則不然，我們可以很容易蒐集不同調查機構在相同（近）調查期間內，針對相同研究母體與主題所進行的大量與重覆的調查，而這絕對是大多數其他調查主題的研究所不能及的。此外，最終

---

[2]　選情幾乎是穩定沒有變化，所有候選人支持度都不隨著時間軸變化而有所變化的選情稱為「完美穩定」（perfect stability）

候選人的實際得票率或同期間其他機構的調查結果都可以作為檢視民調表現與計算調查誤差值的評量依據，而這正是促使調查技術得以持續進步的重要推力，藉由歷次對選舉民調表現的檢討，不僅有助於提高選舉預測的品質水準，改進後的調查技術也已廣為其它領域所應用。常見檢討選舉民調表現的研究主題包括針對單次選舉中各民調機構預測表現進行評量，如 Traugott（2001）、Mitofsky（1998）和 NCPP（2001）等，對歷屆選舉民調機構平均預測表現的評量，如 Mitofsky（1998）、Buchanan（1986）和 NCPP（2001）等，以及分析影響民調準確度的因子，如 Lau（1994）、Converse and Traugott（1986）和 Crespi（1988）等。而進行上述評量或分析前的重要工作就是要選擇一個適當的「民調準確度評量方法（Polling Accuracy Measurement）」。

　　選舉預測的起源應該是 Literary Digest 在 1916 年以郵寄「模擬選票」方式預測美國總統大選，而正式使用科學抽樣方法則是從 1936 年的美國總統大選才開始。（Weisberg, Krosnick, and Bowen 1996）針對主要調查機構在 1936-2004 間共 19 次的美國總統大選選舉預測的整體表現來評論（選舉與民調資料可以參考美國 NCPP 的官方網站 www.nccp.org），其中除了被視為民調界恥辱的 1948 年（Truman 在各家民調普遍不看好的情況下，反而以高於對手 Dewey 5.6%的得票率贏得選舉）之外，主要民調機構的平均預測品質尚佳，在兩位主要候選人有明顯差距（5%）的選舉中，大部分民調都能在選前最後民調就正確的預測出當選人，而在勢均力敵的選舉中對兩位主要候選人得票率差距的預測也經常是在95%信心水準（confidence level）下的抽樣誤差範圍內，民調差距都在抽樣誤差範圍內，因此沒有明顯的非抽樣誤差發生。而且當出現類似1948 年引起廣泛爭議的選舉預測時，美國國家社會科學研究委員會（Social Science Research Center, SSRC）就會舉辦公聽會，由各界專家

學者共同探討其中原因，研擬改進選舉調查的方法，以重建選舉預測的公信力。而雖然距今已超過 50 年，在 1948 年公聽會中 Mosteller et al.（1949）所提出的評量選舉預測準確度方法仍然是現行在評價選舉預測表現的主要工具。

以選舉結果來評量選前民調表現的基本前提假設是從民調執行日到選舉日期間各候選人的支持度都是「完美穩定」，因此民調數字變化不是源自於實際選情的變化，而是統計學上（抽樣）的隨機誤差或導因於不同民調執行機構的非抽樣誤差所造成的波動。而根據總統副總統選罷法第 47 條的規定：政黨及任何人或法人代表不得於投票日前十日內發布選舉民調，亦即合法揭露於媒體的民調都是選前 11 天或距離選舉日更遠的民調資料。此外，2004 年的台灣總統選舉期間發生許多明顯導致選情變化的重大事件，例如 228 手護台灣、313 大遊行，乃至於選前一天的總統、副總統遭槍擊事件等，如此動態的選情顯然是不符合「完美穩定」的假設，也因此根據單一標準（選舉結果）來評量所有選前民調是不合理，也是不公平的。有鑑於此，本研究參酌 Lau（1994）參酌與整合 Lau（1994）、Erikson and Wlezien（1999）、Green, Gerber and Boef（1999）等研究的作法，首先是透過所蒐集的民調資料，建構一個動態的候選人支持度複迴歸模式（multiple regression），估計候選人在不同時間點的支持度，並藉以作為計算「民調差距（波動）值」的基準。

本研究針對 2004 年台灣總統選舉期間八家主要民調執行機構，包括年代民調中心、TVBS 民調中心、山水民調中心／中天與台灣智庫、中國時報民調中心、聯合報民調中心、世新大學民調中心／蘋果日報、國親陣營與民進黨陣營，在選前 86 天到選前 12 天（共 75 天）期間執行，並在選前公佈於國內平面媒體或網站的民調資料作為推估候選人實際支持度的基礎。此外，可能影響「民調差距值」的因素很多，然而本

研究只針對揭露於媒體民調中的 12 個因子（包括「樣本數」「調查天數」、「距離選舉日」、「未決定比例」、「問卷隨機與否」、「涵蓋假日與否」、「拒訪率」、「是否自行出資」、「調查對象」、「抽樣架構」、「加權估計方法」、「調查機構」等）的影響效用進行探討。

第二節　民調差異（波動）的來源

　　民調是一種科學方法，然而為什麼不是所有的民調數字都相同（或接近）？除了選情本身是動態變化的因素外，我們也確實經常在媒體看到同一（接近）調查時間，同一調查主題，同一調查母體，不同調查機構的民調間有很大的差異，為什麼？我們該相信那家民調的結果？在大多數調查方法的書籍（如 Salant and Dillman（1994），Cantrill（1991），Groves（1989）等）都會將調查誤差分為抽樣誤差（Sampling Error）與非抽樣誤差（Non-sampling Error)兩種來源。其中抽樣誤差可以由樣本數大小計算，是一般體民調所經常強調，並引用來背書民調準確度的數字，而非抽樣誤差的來源則包括測量誤差（Measurement Error）、無回應誤差（Non-response Error）與未涵蓋誤差（Non-coverage Error）。而由於媒體民調對樣本數大小的重要性過度的渲染，以致於非抽樣誤差對調查結果的影響經常是被忽略的。

　　Crespi（1988）曾使用多變量分析探討內生變數（樣本大小、民調準確與否對調查機構的重要性、距離選舉日的天數）與外生變數（投票率、候選人是否為現任者、當選者贏的票數、未決定受訪者比例）對民調結果的影響力。Lau（1994）進一步以 1992 年美國總統選舉選選前一個月的 56 筆民調資料為實證對象，針對 8 個自變數（因子）進行複迴

歸分析，有趣的是一般人認為可能影響民調結果甚鉅的「樣本數大小」在上述兩篇研究中都未達統計顯著水準。

　　本研究初探性的以 2004 年台灣總統選舉民調為例，探討可能影響民調表現的因子（變數）。事實上，可能影響民調結果的因素既多且複雜，舉凡民調機構在進行民調過程的每一步驟都會影響民調的結果，然而有許多重要因子被民調執行機構視為內部重要業務、技術或策略機密（獨家秘方），例如電話追蹤策略（Callback strategy）、加權估計法（weighting）、拒訪者結構、訪員結構等，無法蒐集到完整的相關資訊。因此本研究僅就揭露於媒體或網路的民調資訊進行整理與編碼，最後共計針對 10 個因子（包括未決定受訪者比例、民調委託與否、調查作業時間長度、調查期間是否包含假日、加權方法、拒訪率、問卷設計、抽樣方法、樣本數、距離選舉日等）對選舉民調結果的影響力進行探討。

第三節　選舉民調的差距（波動）值評量問題

　　如何評量選民調的波動程度一直是具爭議性的主題。Mosteller et al.（1949）所提出的八種差距值衡量方法各有其優、缺點與不同的目的考量，Su and Sha（2002），蘇建州（2002）都曾以其中四種方法（其他方法明顯不適用）分析 2000 年台灣總統選舉民調，以下是對這四種方法的簡述：

　　方法一：當選人（領先候選人）在民調中預估得票率（支持度）與
　　　　　　實際得票率（支持度）的差距的絕對值。

　　方法二：主要候選人估計得票率（支持度）與實際得票率（支持度）
　　　　　　差異之絕對值平均。

方法三：兩個差異的差異的絕對值。第一個差異是領先的兩位候選
　　　　人估計得票率（支持度）差；第二個差異是相同兩位候選
　　　　人實際得票率（支持度）差。

方法四：用以檢定民調支持度與實際得票率（支持度）一致性的卡
　　　　方（Chi-square）適合度（Goodness-of-fit）檢定統計量。

Crespi（1988）建議使用方法一與方法二，根據其對 343 個美國選
舉民調個案的分析結果發現，這兩種方法具有高度正相關，亦即此二方
法有很高的一致性。此外，Crewe（1997）使用方法二來評量 1992 年英
國選舉，他宣稱此方法是「對民調正確性的真實測量（the true test of poll's
accuracy）」。方法二與方法三則是目前最為普遍被討論與使用的方法。
Mitofsky（1998）與 Traugott（2001）分別使用這兩種方法評量 1996 與
2000 年美國總統民調的表現。Mitofsky（1998）在經過評估分析後認為
方法三是最佳的選擇，因為此方法不須處理未決定選民，同時此方法所
測量的正是媒體最經常報導的指標。此外，方法三可適用於兩位候選人
選舉或是多候選人選舉，因此可以用以比較歷屆選舉的表現。而美國國
家民意調查委員會（The National Council on Public Polls（NCPP）2000）
用以評量 1936 到 2000 年總統選舉民調的平均表現，以及 2000 年各家
民調機構表現所使用的方法也是方法三。至於方法四雖然很少用以評量
民調差距值，但是有鑑於卡方檢定統計量是在嚴謹統計理論推演判斷基
準，其目的在檢定抽樣樣本分配（民調結果）是否服從特定的多重項分
配（Multinomial distribution），此即實際得票率（支持度）。

　　在決定差距值評量方法後的另一項重要工作是如何安排在民調中
的「未決定受訪者」（allocation of undecided）。由於媒體所揭露的大多
是「選舉調查」，並非「選舉預測」其中（隱）含約 20%的未表態（決
定）選民。以下是以虛擬的例子來說明未表態選民對民調差距值評量所

產生的困擾。試想在某民調中宣稱候選人 A 支持度 40%，候選人 B 支持度 30%，未表態 30%，雙方差距 10%，倘若選舉結果是候選人 A 得票率 40%輸了選舉，這民調顯然有很大誤差，然而根據方法一所計算的民調誤差值卻為 0。又假設選舉結果是候選人 A 得票率 55%，候選人 B 得票率 45%，雙方差距 10%，若以方法三所計算的民調誤差值為 0，然而這果真是一個完美的民調嗎？由於在選舉結果中並沒有「未決定受訪者」此一類別，因此必須安排未決定受訪者比例，使得在民調結果中所有候選人支持度和為 100%，如此不同民調間才具有可比較性（comparability）。關於如何處理民調中未決定選民的問題，Mitofsky（1998）所提出三種可行的方法如下：

一、等比例分配（allocate proportionately）：按候選人在民調中的得票率等比例分配未決定受訪者到各候選人。

二、等量分配（allocate evenly）：等量分配未決定受訪者到最領先的兩位候選人。

三、分配給非現任候選人（allocate to the challenger）。

顯然地，不同方式分配未決定選民將導致不同的候選人支持度分佈，以及差距值評量結果。Crespi（1988）建議使用第一種方法，根據其實地訪問從事民調工作的專案後，發現等比例分配的作法最接近他們實務處理未決定選民的方式。而事實上，等比例分配未決定選民作法是假設這些人在選舉日當天沒有去投票，或是按照已決定選民的支持度比例進行投票行為，應屬合理的假設。而本研究也將以此方法處理未決定選民。

事實上，在兩組候選人的選舉（例如 2004 年台灣總統選舉），以及沒有未決定選民的情況下（或經過重新分配），上述四種方法是一致的（identical），亦即四種測量方法的相關性為 100%。

第四節　2004 年總統選舉媒體民調樣本

回顧在 2004 年台灣第三次的總統直選中，只有兩組候選人，包括挾現任優勢的泛綠陣營：陳水扁、呂秀蓮，以及國民黨與親民黨整合後的泛藍陣營：連戰、宋楚瑜。相較於在 2000 年的總統選舉中有五組候選人與錯綜複雜的棄保效應，2004 年總統選舉雖然競爭激烈，但單純的兩組候選人選情理應是民調機構好好表現，重建民眾對民調可信度的絕佳機會，然而在選前一天的總統、副總統遭槍擊事件卻使得民眾對民調結果的評量頓時失去判斷的依據（無法以選舉結果來評量選前民調的表現）。此外，選前的公投制憲、228 手護台灣、313 大遊行、陳由豪政治獻金等議題或事件也都對選情造成大小不等的影響。因此，在評量 2004年台灣總統選舉民調表現，以及探討影響民調表現的因子之前，我們必須先決定各候選人在不同時間點的「實際」支持度。

本研究首先蒐集民調機構在選前 86 天（2003 年 12 月 25 日）到選前 12 天（2004 年 3 月 7 日），共計 75 天總統選舉期間內執行，並在選前揭露於國內平面媒體或網站的民調資料。其中部分民調機構，如東森民調、蓋洛普、普羅民調、創市際民調、東海大學民調中心、天下雜誌等本研究只有蒐集到 3 筆以內的民調資料因此予以排除，未納入研究樣本。而部分不符合科學調查方法的民調，如電話語音調查、自願樣本（便利抽樣）的網路調查；部分資訊不完整的民調，如未公布調查期間、樣本數或民調執行單位等；或是只針對局部區域、性別、職業、族群為目標母體的民調也都予以排除，不列入本研究討論的範圍。此外，為確保民調樣本間彼此獨立，本研究也排除部分年代民調中心發佈的追蹤式民調（tracking poll），以確保樣本不被重覆計算。經過上述的過濾與篩選原則後，本研究內共計蒐集年代民調中心、TVBS 民調中心、山水民調

中心／中天與台灣智庫、中國時報民調中心、聯合報民調中心、世新大學民調中心／蘋果日報、國親陣營與民進黨陣營等八個主要民調機構的 85 個獨立的民調資料，圖 9-1 至圖 9-3 是本研究整理這八家民調機構所公佈，分別對陳水扁、連戰的支持度與未決定選民比例的趨勢圖（詳細資料如附錄一），其中 x 軸的數值是距離選舉日，若執行天數超過 1 天者，則以執行期間的平均距離選舉日為替代。圖 9-1 至圖 9-3 是以距離選舉日為時間軸，分別針對八家民調機構的扁呂、連宋支持度與未決定比例的趨勢變化圖。透過對圖 9-1 至圖 9-3 的觀察，可以約略看到一些民調機構偏差效應方向與型態（pattern），在同期間的民調中，年代對陳呂的支持度估計是偏低的，TVBS 則是對連宋的支持度估計有偏高的現象，而年代與國親陣營的未決定選民比例也都明顯高過同時間其他機構的未決定選民比例。

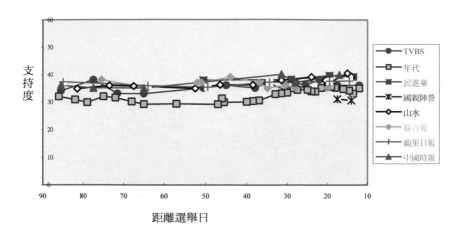

圖 9-1　陳呂配支持度（觀察值）趨勢圖（以民調機構為單位）

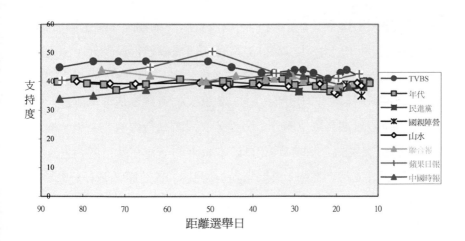

圖 9-2　連宋配支持度（觀察值）趨勢圖（以民調機構為單位）

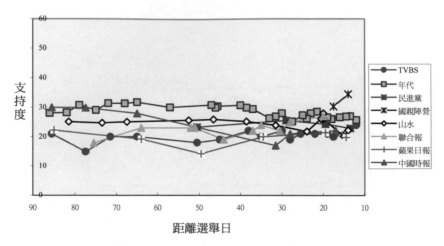

圖 9-3　未決定選民比例（觀察值）趨勢圖（以民調機構為單位）

　　在研究期間（共計 75 天）內，其中除了距選舉日 70 天（1 月 10
日）、距選舉日 42 天（2 月 7 日），以及農曆春節期間（距選舉日 54 天
至 61 天：1 月 19 日-1 月 26 日）沒有任何機構執行民調外，每天都有
一家以上的機構執行民調，最多是一天有七家，平均每天約有 3 家民調
機構的 2000 個樣本。本研究除了依 85 筆民調資料為基本單位進行分析
外，也重新依日期為單位劃分（假設某次民調執行天數為 k 天，樣本數
為 n，則將該次民調分割成 k 等份，樣本數平均分配在執行期間各為 n/k，
而假設候選人支持度在這 k 天都相同），據此將 85 筆原始資料分割成 189
筆以日期為單位的民調資料，再經由合併每天 1-7 家民調機構的以日期
為單位的民調資料得以計算候選人每天的民調支持度（觀察值），如圖
9-4，是以日期（不是以民調機構或研究對象）為單位的民調趨勢圖。
觀察圖 9-4 發現選情確實有些波動與變化，甚至是互有領先，然而選舉
事件或議題對選情變化影響之研究並不是本研究的主題。

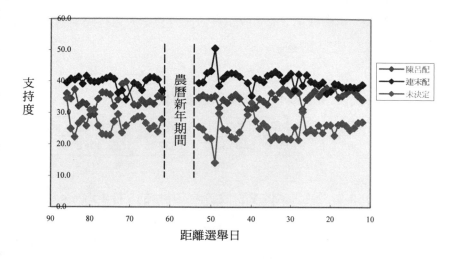

圖 9-4 民調支持度趨勢圖（以日期為單位）

　　針對研究期間研究對象之敘述統計（如表 9-1），其中本研究所納入的 85 次民調共計訪問 133205 位成功樣本，調查個案的樣本數介於 818 到 4013 個之間，平均樣本數約為 1567 個，平均大約進行 2.2 天的調查。表二是研究對象對各候選人支持度與未決定選民比例的加權平均，其中以樣本數作為加權變數。年代民調中心在排除重疊樣本後共計執行 28 次獨立的民調，成功樣本數 53419 個，是調查頻率與樣本數最多的機構。由表 9-2 也可以發現八家民調機構對扁呂與連宋支持度的加權平均分別約為 34.7%與 40%，相差 5.3%，未決定選民比例則約為 25.3%，然而各家民調機構執行情形與對各候選人支持度的估計是有所差異的。在未決定選民比例方面是以 TVBS 與世新大學/蘋果日報為最低，大約在 2 成左右；國親陣營民調超過 3 成最高。在支持度方面，除了民進黨陣營外，所有民調機構的估計都是連宋支持度高於扁呂，其中以 TVBS 平均大約 9%的差距為最大，中國時報的平均 1%為最小。然而是不是因為調查機

構的不同特質（導致機構效應）或調查方法差異造成這些民調結果間的
差異則是本文的研究重點。

表 9-1　民調資料之描述統計

	個數	最小值	最大值	總和	平均數	標準差
成功樣本數	85	818.00	4013.00	133205	1567.1176	660.5005

表 9-2　各民調機構估計候選人支持度的加權平均

民調機構	支持度	次數	總樣本數	平均數	標準差
TVBS	扁呂支持度（百分比）			35.6407	1.4522
	連宋支持度（百分比）	15	20266	44.2547	2.0113
	未決定			20.1046	1.8920
山水民意／中天	扁呂支持度（百分比）			36.9763	1.6910
／台灣智庫等	連宋支持度（百分比）	13	14150	38.4209	1.3214
	未決定			24.6028	2.0184
中國時報	扁呂支持度（百分比）			37.3956	2.2930
	連宋支持度（百分比）	6	13300	38.3224	2.8788
	未決定			24.2820	4.7159
民進黨陣營	扁呂支持度（百分比）			38.8716	.6519
	連宋支持度（百分比）	4	6582	37.1782	1.0457
	未決定			23.9501	.9247
年代電視	扁呂支持度（百分比）			32.1408	2.0381
	連宋支持度（百分比）	28	53419	39.3412	1.0099
	未決定			28.5180	1.9261
國親陣營	扁呂支持度（百分比）			30.6596	.1865
	連宋支持度（百分比）	3	5603	35.8485	1.5217
	未決定			33.4919	1.7027
聯合報	扁呂支持度（百分比）			36.5017	1.3399
	連宋支持度（百分比）	10	11972	41.0535	1.5614
	未決定			22.4449	2.5002

世新大學／	扁呂支持度（百分比）			36.9261	.8459
蘋果日報	連宋支持度（百分比）	6	7913	43.5329	3.0580
	未決定			22.4449	2.3380
總計	扁呂支持度（百分比）			34.6581	3.0348
	連宋支持度（百分比）	85	133205	40.0384	2.8975
	未決定			25.3035	4.4460

第五節　估計動態民調支持度

　　由於候選人的支持度會隨著時間改變而有所波動，本研究雖然未針對支持度波動的原因進行探討，但仍必須推估支持度的波動（動態民調支持度），以作為測量個別民調差異程度的依據，如此才能把民調數字的變化切割成兩部分，一部分源自於支持度的動態波動，另一部分才是「真正的」民調差異值。因此本研究初探性的建構候選人支持度的動態模式（如(1)式），其中納入日期效應與民調機構效應等虛擬變數於複迴歸模式中，動態的估計各候選人在不同時間點的支持度，並且將抽樣的隨機誤差抽離（獨立）出來。其中日期效應需要 t-1 個獨立虛擬變數（dummy variable），民調機構效應需要 k-1 個虛擬變數，然而為簡化模式之描述，本研究在(1)式中分別用 t 個與 k 個虛擬變數（SPSS統計軟體會自動去除兩個相依變數來解決共線性（collinearity）的問題）。

　　$p(x,z) = \alpha + \Sigma \, \beta \, ix_i + \Sigma \, \gamma \, jz_j + \varepsilon$ 　　　　　　(1)

　　其中 p(x,z)為特定候選人的民調（觀察）支持度，x_i 與 z_j，都是虛擬變數，

　　$x_i = 1$ 若該民調執行時間距離選舉日 i 天，

　　　$= 0$ 若該民調執行時間距離選舉日不是 i 天。

$z_i = 1$ 若該民調為第 j 家民調機構所執行（或出資），

$= 0$ 若該民調為其他民調機構所執行（或出資）。

ε_{ij}，為獨立常態分配，平均數為 0，變異數為 σ_2。

假設是第 j 家民調機構在距離選舉日 i 天所執行的民調，將虛擬變數代入(1)式，特定候選人的民調（觀察）支持度模式可簡化為

$$p_{ij} = E(p_{ij}) + \varepsilon_{ij}, \ i = 1,2,..t \ ; \ j = 1,2,..k, \ 其中 \tag{2}$$

$$E(p_{ij}) = \alpha + \beta_i + \gamma_j \tag{3}$$

$E(p_{ij})$是在去除隨機誤差後第 j 家民調機構在距離選舉日 i 天所執行的民調特定候選人的期望支持度，根據 189 筆以日期為單位的民調資料可以估計（ $\alpha, \beta_i, \gamma_j$），而這些參數估計可以用來預測第 j 家民調機構在距離選舉日 i 天所執行的民調特定候選人的期望支持度，再轉換估計原始的 85 筆民調調查期間候選人的期望（實際）支持度。接著是將所估計的 85 筆民調資料的期望支持度進行二次疊代（second iteration），先轉換成 189 筆以日期為單位的民調資料，再藉以計算出以日期為單位（共 65 天）的期望支持度，此即本研究所謂的動態民調支持度，如圖9-5。其中圖 9-5 中陳水扁支持度、連戰支持度與未決定比例的標準差分別為 2.1，2.3，2.9 都比圖 9-4 的 2.5，2.4，3.1 小，顯示去除隨機誤差後確實使得波動變小，使得我們更能干擾較小的情況下檢視「真正」的支持度波動。

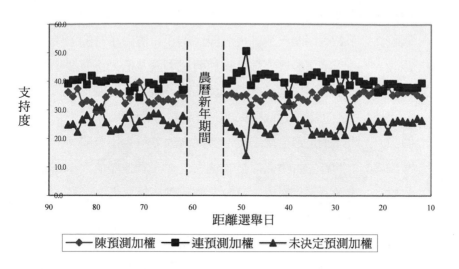

圖 9-5　動態民調支持度（以日期為單位）

第六節　影響民調差距值因子分析

　　本研究採用第三節所提出的差距值評量法中的方法三，此即計算陳水扁與連戰支持度（觀察值）差異與兩者實際支持度差異的差異，並分別以等比例安排未決定者與不安排未決定者兩種方式計算民調差距值。其中，由於考慮到每家調查機構的調查頻率差異很大，若以圖 9-5 動態民調支持度（源自於 85 次民調所分割的 189 個以日期為基礎的民調資料）作為評量基礎，則勢必對執行頻率較高的調查機構較有利，因此本研究參考 Lau（1994）的作法，針對不同民調機構使用不同的標準值，每家民調機構誤差值的計算都是先排除自家民調資料，再合併其它七家機構以日期為單位的民調，最後疊代成為計算民調誤差值的基準值。本研究分別針對 11 個可能影響民調誤差值的因子建立下面 11 個研究假設：

假設 1：「調查的樣本數」大小與民調誤差值大小有關；

假設 2：「調查期間天數」長短與民調誤差值大小有關；

假設 3：「距離選舉日天數」長短與民調誤差值大小有關；

假設 4：「未決定比例」高低與民調誤差值大小有關；

假設 5：「拒訪率」高低與民調誤差值大小有關；

假設 6：「民調是否自行出資」與民調誤差值大小有關；

假設 7：「問卷是否隨機提示候選人」與民調誤差值大小有關；

假設 8：「涵蓋調查對象（有投票權或會去投票者）」與民調誤差值大小有關；

假設 9：「是否涵蓋假日」與民調誤差值大小有關；

假設 10：「抽樣架構（源自電話號碼簿或 RDD）」與民調誤差值大小有關；

假設 11：「加權變數方法」與民調誤差值大小有關。

此外，本研究也進一步檢定不同機構的民調誤差值是否相同，因此建立

假設 12：不同「民調機構」的民調誤差值不完全相同。

在表 9-3 中呈現各變數（因子）的範圍，以及其與兩種民調誤差值的關聯性（相關係數或變異數分析（ANOVA）的統計檢定結果。由於兩種民調差距值的相關係數高達 0.993，為簡化分析內容，以下僅就不安排未決定者所計算的民調誤差值進行分析。檢定結果共計支持其中六個研究假設（達到 0.1 以上的統計顯著水準），分別是假設 5，6，8，10，11，12。茲將不支持與支持預設的研究發現與針對相關係數符號的解讀整理說明如下：

一、「調查的樣本數大小與民調誤差值大小無關。」理論上，樣本數應該會直接影響抽樣誤差，轉而影響民調誤差值。推測原因

應該是研究對象的樣本數差異不大，即使是最大樣本數（4013）
與最小樣本數的抽樣誤差也只有相差約 1%而已，所以才未有
顯著的差異。

二、「調查期間天數」、「距離選舉日天數」、「未決定比例」、
「問卷隨機與否」、「涵蓋假日與否」都與民調誤差值大小無
顯著相關。其中「距選舉日天數」在其他學術研究都顯示「距
離選舉日愈近，民調誤差愈小」（如 Shaw,1999； Lau, 1984；
Crespi, 1988 等），這可能是因為本研究採用動態支持度模式
作為計算標準，而上述文獻都只引用選舉結果作為計算的標準
值所致。

三、「拒訪率愈高，民調誤差傾向愈大。」此結果與一般預期或研
究結果（如 Lau, 1984）相同。然而由於各家民調機構對拒訪
率的操作性定義可能有很大的差異，同時約有一半的民調資料
未提供拒訪率（人數）的相關資訊，因此本研究認為此結論仍
需進一步確認。

四、「自行出資的民調機構明顯比受委託的民調機構有較小的平
均民調誤差。」這是一個有趣的結果發現，但是必須有同一機
構有些民調是自行出資，有些民調則是受委託執行，否則出資
與否和民調機構兩個效用「混淆（confounding）」，無法區分
是出資與否或民調機構所造成的差異。

五、「以會去投票選民為調查對象比以有投票權選民為調查對象
有較大的平均民調誤差。」此結果應該是大多數調查機構仍是
以投票權選民作為調查對象所致。如果民調目的是進行選舉預
測，理論上還是應該以會去投票的選民作為調查對象才合理。

六、「以隨機撥號法（RDD）作為抽樣架構明顯比以電話號碼簿為基礎的抽樣架構有較小的平均民調誤差。」這是一個有趣的結果發現，但是如同第四的研究發現，必須有同一機構有些民調使用 RDD，有些民調則是以電話號碼簿為基礎的抽樣架構，否則抽樣架構和民調機構兩個效用也是「混淆」，無法區分是抽樣架構或民調機構所造成的差異。

七、「以性別、年齡、教育程度（籍貫）加權的民調，傾向比只以性別和年齡加權或不加權的民調有較大的平均民調誤差。（參考表 9-4）」此結果顯示使用過多的加權變數來修正並未如預期的降低民調誤差。此外，如同第四與第六的研究發現，除了 TVBS 外，其他民調機構都只使用低單一種加權方法，因此也是有「混淆」的問題，無法區分是加權方法或民調機構所造成的差異。以共計 29 次用性別、年齡、教育程度作加權的民調為例，其中有 28 次是年代民調，另一次是 2004 年 3 月 8 日的 TVBS 民調（TVBS 除了 3 月 8 日民調外，其餘 14 次民調都是只用性別、年齡加權。筆者曾請教 TVBS 民調中心王業鼎主任，TVBS 是考量到成功樣本中的低學歷比例與選民結構比較有嚴重偏低的現象，因此才會在選前公布的最後一次民調新增教育程度作為加權變數）。也因此，性別、年齡、教育程度作加權變數的效用幾乎是在反應年代民調的效用，在統計學上稱為「混淆」。

八、「民調機構間的平均民調誤差明顯不同。」根據表五針對民調機構之平均民調誤差值所作的 Duncan 多重比較檢定顯示可以把八家民調機構的表現分為四組，分別是 TVBS、年代、國親陣營與世新大學的民調誤差落在同一組，世新大學與聯合報一

組，第三組是聯合報與山水民調，第四組則是山水民調、民進黨與中國時報。

表 9-3　自變數（因子）與民調誤差值之關聯性檢定

變數名稱	範圍		與誤差值關聯性 （不安排未決定者）		與誤差值關聯性 （安排未決定者）	
樣本數	818	4013	Pearson 相關	- 0.079	Pearson 相關	- 0.117
			顯著性	0.473	顯著性	0.285
			個數	85	個數	85
調查期間天數	1 天	7 天	Pearson 相關	- 0.112	Pearson 相關	-0.147
			顯著性	0.307	顯著性	0.178
			個數	85	個數	85
距選舉日天數	12 天	86 天	Pearson 相關	- 0.076	Pearson 相關	- 0.066
			顯著性	0.487	顯著性	0.550
			個數	85	個數	85
未決定（或其他）比例	14.2%	34.4%	Pearson 相關	- 0.072	Pearson 相關	-0.172
			顯著性	0.510	顯著性	0.115
			個數	85	個數	85
拒訪率	0.9%	36.1%	Pearson 相關	0.293 [*]	Pearson 相關	0.277 [*]
			顯著性	0.056	顯著性	0.072
			個數	43	個數	43
出資與否	1：自行出資 0：受委託調查		Pearson 相關	-0.224 [**]	Pearson 相關	-0.249 [**]
			顯著性	0.039	顯著性	0.021
			個數	85	個數	85
問卷隨機與否	1：候選人隨機出現 0：候選人未隨機		Pearson 相關	- 0.005	Pearson 相關	0.076
			顯著性	0.967	顯著性	0.523
			個數	72	個數	72
調查對象	1：有投票權且會去投票 0：有投票權民眾		Pearson 相關	0.425 [***]	Pearson 相關	0.484 [***]
			顯著性	0.000	顯著性	0.000
			個數	78	個數	78

涵蓋假日與否	1：調查期間涵蓋假日	Pearson 相關	- 0.039		Pearson 相關	-0.062	
		顯著性	0.721		顯著性	0.574	
	0：調查期間未涵蓋假日	個數	85		個數	85	
抽樣架構	1：電話號碼簿	Pearson 相關	0.621	***	Pearson 相關	0.645	***
	0：隨機撥號（RDD）	顯著性	0.000		顯著性	0.000	
		個數	76		個數	76	
加權變數	2：性別年齡教育程度（籍貫）	F 檢定	8.641	***	F 檢定	12.341	***
		顯著性	0.000		顯著性	0.000	
	1：性別、年齡	個數	85		個數	85	
	0：無加權變數						
民調執行機構	年代、TVBS、山水、中時、聯合報、世新、國親與民進黨	F 檢定	8.641	***	F 檢定	12.341	***
		顯著性	0.000		顯著性	0.000	
		個數	85		個數	85	
誤差值（不安排未決定）	-13.7%　9.2%	---			Pearson 相關	0.993	***
					顯著性	0.000	
					個數	85	
誤差值（安排未決定者）	-18.5%　12.3%	Pearson 相關	0.993	***	---		
		顯著性	0.000				
		個數	85				

表 9-4　不同加權法之平均民調誤差值（不安排未決定）與 Duncan 多重比較檢定

Duncan 檢定 [a,b]

		Alpha＝.05 的子集	
加權變數	個數	1	2
性別、年齡、教育程度	29	-3.4276	
未加權	34		-.1588
性別、年齡	22		1.4409
顯著性		1.000	.175

顯示的是同質子集中組別的平均數。
a.使用調和平均數樣本大小＝27.435。
b.組別大小不相等。將使用組別大小的調和平均數。不保證型 I 的誤差水準。

表 9-5　民調機構之平均民調誤差值（不安排未決定）
與 Duncan 多重比較檢定

Duncan 檢定 [a,b]

民調執行機構	個數	Alpha＝.05 的子集			
		1	2	3	4
TVBS	15	-4.0600			
年代	28	-3.5857			
國親陣營	3	-3.5333			
世新大學	6	-2.0333	-2.0333		
聯合報	10		.9800	.9800	
山水民調	13			3.4231	3.4231
民進黨	4				5.6500
中國時報	6				5.6833
顯著性		.294	.086	.163	.224

顯示的是同質子集中組別的平均數。
a.使用調和平均數樣本大小＝6.689。
b.組別大小不相等。將使用組別大小的調和平均數。不保證型 I 的誤差水準。

第七節　結論

　　當不同調查機構在相同調查期間，針對相同調查主題，卻得到「差異很大」的調查結果時，經常會使得民眾無所適從。不幸地，上述現象卻不斷地在選舉期間發生。然而，若我們能建立一套民調差距值評量的機制，將有助於民眾透過民調出資（或執行）機構過去的選舉預測表現等資訊，作為判斷民調可信度的依據。

　　民調差距值評量問題無論在國、內外都仍是極具爭議性的問題（Mitofsky, 1998,1999；Panagakis, 1999；Crespi, 1988），原因是各種評量方法的計算方式，都有其特殊目的考量，所以有其優點與缺點。也因

此一直無法有個一具公信力（公正、客觀）的方法可以用以評量、比較所有不同的選舉狀態，經常的作法便是在選後才依據選舉狀態（election status）選擇合適的民調差距值評量方法（Su and Sha 2002）。此外，不穩定的選情與選罷法選前十天不得公佈民調的法令也都增加評量民調表現的困難度，因為候選人的支持度會隨著時間改變而有波動，許多相關文獻以「單一」選舉結果作為評量民調表現或差異的作法並不可行，因此如何估計動態的候選人支持度，也就成為民調差距值評量是否適當的關鍵。

本研究初探性的建構候選人支持度的動態模式，其中納入日期效應與民調機構效應等虛擬變數於複迴歸模式中，動態的估計各候選人在不同時間點的支持度，並且將抽樣的隨機誤差抽離出來。根據所推估的候選人動態支持度作為評量的標準值，本研究檢視不同特質與調查方法之民調結果的差異性，研究發現「樣本數」「調查天數」、「距離選舉日」、「未決定比例」、「問卷隨機與否」、「涵蓋假日與否」都與民調誤差值大小無顯著相關；然而「拒訪率」、「是否自行出資」、「調查對象」、「抽樣架構」、「加權估計方法」、「調查機構」則與民調誤差值大小有關聯。然而由於本研究所建構的候選人動態支持度模式的基本假設是大多數的民調都是專業與公正，才會反應出實際支持度。在此假設下，我們可以區別出那些「眾人皆醒卻獨醉」的民調機構，然而本研究的評量與分析結果對於「眾人皆醉我獨醒」的民調機構則是不公平的，所以是否能將本研究所計算的民調差距值（或誤差值）作為民調準確度的評量值仍有待商榷，也因此本研究並未將民調機構的表現依照民調誤差值排序，也未針對統計檢定結果結論媒體民調方法的好壞。由於國內關於民調準確度評量法的學術與實務的研究不多，因此希望藉由本研究探討台灣 2004年總統選舉民調表現問題，將來能有更多的後續研究與討論。

參考文獻

蘇建州（2002）。〈台灣 2000 年總統選舉民調之準確度評量與影響因素分析〉，《調查研究期刊》，Vol.12: 91-109。

Buchanan, W. (1986). Election Predictions: An Empirical Assessment. Public Opinion Quarterly, Vol.50: 222-227.

Cantrill, A. H. (1991). The Opinion Connection: Polling, Politics, and the Press. Washington, D. C.: Congressional Quarterly Inc.

Converse, P. E., and Traugott M. W. (1986). Assessing the Accuracy of Polls and Surveys. Science. (Nov): 1094-1098.

Crespi, I. (1988). Pre-election Polling: Sources of Accuracy and Error. New York: Russell Sage.

Crewe, I. (1997). The Opinion Polls: Confidence Restored? Parliamentary Affairs. 569-585.

Erikson, R. S. and Wlezien C. (1999). Presidential Polls as a Time Series: The Case of 1996. Public Opinion Quarterly. 163-177.

Green, D. P., Gerber A. S., and Boef, S. L. (1999). Tracking Opinion Over Time: A Method for Reducing Sampling Error. Public Opinion Quarterly. 178-192.

Groves R. M. (1989). Survey Errors and Costs. New York: John Wiley & Sons.

Lau, R. R. (1994). An Analysis of the Accuracy of "Trail Heat" Polls During the 1992 Presidential Election. Public Opinion Quarterly.2-20.

Mitofsky, W. J.(1999). Reply to Panagakis. Public Opinion Quarterly. 282-284.

Mitofsky, W. J.(1998). Was 1996 a Worse Year for Polls than 1948? Public Opinion Quarterly. 230-249.

Mosterller, F., McCarthy, P. J., Marks, E. S., and Truman D. B. (1949). The Pre-election Polls of 1948. New York: Social Science Research Council.

NCPP (2001). Presidential Poll Performance 2000 Error Calculator. NCPP report (http://www.ncpp.org)

Panagakis N. (1999). Response To "Was 1996 a Worse Year for Polls Than 1948? Public Opinion Quarterly. 278-281.

Salant, P. and Dillman, D. A. (1994). How to Conduct Your Own Survey. New York: John Wiley & Sons.

Shaw, D. R. (1999). A Study of Presidential Campaign Event Effects from 1952 to 1992. The Journal of Politics, Vol. 61: 387-422.

Su, C. C. and Sha, M.(2002). An Analysis of Taiwan's Presidential Poll Performance 2000. 57th Annual AAPOR Conference. Florida, U.S.A..

Traugott, M. W. (2001). Assessing Poll Performance in the 2000 Campaign. Public Opinion Quarterly. 389-419.

Weisberg, H. F., Krosnick, B. D., and Bowen, B. D. (1996). An Introduction to Survey Research, Polling, and Data Analysis. London: SAGE Publications.

附錄一、2004 年總統選舉民調資料

民調執行機構	出資機構	調查日期	樣本數	陳水扁	連戰	其他
TVBS	TVBS	2004/3/8	1443	36.00	40.00	24.00
TVBS	TVBS	2004/3/2~3/3	1557	36.00	44.00	20.00
TVBS	TVBS	2004/3/1	1052	36.00	43.00	21.00
TVBS	TVBS	2004/2/27	1003	38.00	41.00	21.00
TVBS	TVBS	2004/2/23~2/24	1283	36.00	43.00	21.00
TVBS	TVBS	2004/2/21	1427	37.00	44.00	19.00
TVBS	TVBS	2004/2/19	1125	34.00	44.00	22.00
TVBS	TVBS	2004/2/11	818	35.00	43.00	22.00
TVBS	TVBS	2004/2/14	1414	37.00	43.00	20.00
TVBS	TVBS	2004/2/2~2/6	2997	36.00	45.00	19.00
TVBS	TVBS	2004/1/29~1/30	1151	35.00	47.00	18.00
TVBS	TVBS	2004/1/14~1/16	1150	33.00	47.00	20.00
TVBS	TVBS	2004/1/8~1/9	1259	33.00	47.00	20.00
TVBS	TVBS	2004/1/2~1/3	1123	38.00	47.00	15.00
TVBS	TVBS	2003/12/25~26	1464	34.00	45.00	21.00
年代電視	年代網際	2004/3/7~3/9	2217	34.90	39.40	25.70
年代電視	年代網際	2004/3/5～3/8	2030	33.00	40.00	27.00
年代電視	年代網際	2004/3/4~3/7	1816	34.10	39.00	26.90
年代電視	年代網際	2004/3/3~3/5	1575	34.60	38.80	26.60
年代電視	年代網際	2004/3/1~3/3	1604	35.10	38.90	26.00
年代電視	年代網際	2004/2/29~3/2	1665	35.40	38.00	26.60
年代電視	年代網際	2004/2/26~2/29	1788	35.00	36.50	28.50
年代電視	年代網際	2004/2/25~2/27	1726	33.70	38.30	28.00
年代電視	年代網際	2004/2/23~2/25	1719	34.30	38.40	27.30
年代電視	年代網際	2004/2/22~2/24	1722	33.80	40.00	26.20
年代電視	年代網際	2004/2/20~2/23	1714	34.30	40.50	25.20
年代電視	年代網際	2004/2/18~2/20	1535	33.30	38.70	28.00
年代電視	年代網際	2004/2/15~2/17	1680	32.80	40.90	26.30
年代電視	年代網際	2004/2/11~2/13	2048	30.50	40.10	29.40

年代電視	年代網際	2004/2/15~2/20	3215	33.10	40.00	26.90
年代電視	年代網際	2004/2/8~2/13	3870	30.30	39.80	29.90
年代電視	年代網際	2004/2/1~2/6	3219	29.80	39.80	30.40
年代電視	年代網際	2004/2/8~2/10	1822	30.00	39.30	30.70
年代電視	年代網際	2004/2/4~2/6	1536	31.20	38.90	29.90
年代電視	年代網際	2004/2/1~2/3	1659	29.10	40.10	30.80
年代電視	年代網際	2004/1/16~1/30	1978	29.30	40.70	30.00
年代電視	年代網際	2004/1/14~1/16	1561	29.20	39.00	31.80
年代電視	年代網際	2004/1/11~1/13	1762	30.10	38.50	31.40
年代電視	年代網際	2004/1/7~1/9	1651	31.50	37.00	31.50
年代電視	年代網際	2004/1/4~1/6	1714	31.90	38.90	29.20
年代電視	年代網際	2003/12/31~1/2	1512	29.80	39.30	30.90
年代電視	年代網際	2003/12/28~30	1544	30.80	40.90	28.30
年代電視	年代網際	2003/12/24~26	1537	32.00	39.90	28.10
陳呂競選	陳呂競選	2004/3/6~3/7	1864	39.10	38.00	22.90
陳水扁台	陳水扁台	2004/2/29~3/1	2453	39.50	36.20	24.30
民進黨	民進黨	2004/2/20	1169	38.10	36.40	25.50
民進黨	民進黨	2004/1/29~1/30	1096	37.90	38.80	23.30
親民黨	親民黨	2004/3/2~3/3	1241	31.00	38.70	30.30
山水民意	南社北社	2004/3/6	1021	39.30	38.50	22.20
山水民意	台灣智庫	2004/3/4~3/6	1126	40.40	39.50	20.10
山水民調	台灣智庫	2004/2/28~2/29	1155	37.80	36.10	26.10
山水民調	台灣智庫	2004/2/29	1047	36.60	37.30	26.10
山水民調	中天電視	2004/2/25	1071	39.00	39.20	21.80
山水民調	中天電視	2004/2/17~2/18	1064	37.80	38.30	23.90
山水民調	中天電視	2004/2/10~2/11	1040	36.10	38.70	25.20
山水民調	中天電視	2004/2/2~2/3	1068	36.20	37.90	25.90
山水民調	中天電視	2004/1/27~1/28	1039	34.90	39.50	25.60
山水民調	中天電視	2004/1/12~1/13	1114	35.70	39.20	25.10
山水民意	中天電視	2004/1/6~1/7	978	35.90	39.30	24.80
山水民調	南社	2003/12/29~30	1413	34.80	40.00	25.20
山水民調	台灣日報	2003/2/29	1014	36.60	35.50	27.90
國民黨國	國民黨國	2004/3/4~3/8	1623	30.50	35.10	34.40

公信力民	國民黨	2004/3/4~3/8	2739	30.60	35.00	34.40
聯合報	聯合報	2004/2/29	1070	35.00	38.00	27.00
聯合報	聯合報	2004/2/25~2/27	1161	37.00	40.00	23.00
聯合報	聯合報	2004/2/21	1077	35.00	40.00	25.00
聯合報	聯合報	2004/2/18~2/19	1206	36.00	42.00	22.00
聯合報	聯合報	2004/2/14	1054	35.00	41.00	24.00
聯合報	聯合報	2004/2/11~2/13	1250	37.00	41.00	22.00
聯合報系	聯合報系	2004/2/4~2/6	1202	39.00	42.00	19.00
聯合報	聯合報	2004/1/28~1/30	1510	37.00	40.00	23.00
聯合報	聯合報	2004/1/15~1/17	1068	35.00	42.00	23.00
聯合報	聯合報	2004/1/4~1/5	1374	38.00	44.00	18.00
世新大學	蘋果日報	2004/3/4~3/7	2461	37.60	42.60	19.80
世新大學	蘋果日報	2004/2/29~3/1	1079	37.50	41.10	21.40
世新大學	蘋果日報	2004/2/14~2/15	1122	37.10	42.90	20.00
世新大學	蘋果日報	2004/1/29~1/31	1079	35.30	50.50	14.20
世新大學	蘋果日報	2004/1/15~1/17	1093	35.90	44.90	19.20
世新大學	蘋果日報	2003/12/25~27	1079	37.30	40.40	22.30
中國時報	中國時報	2004/3/1~3/5	3391	39.80	38.10	22.10
中國時報	中國時報	2004/2/21	920	37.00	42.00	21.00
中國時報	中國時報	2004/2/16~2/19	2535	40.00	43.00	17.00
中國時報	中國時報	2004/1/12~1/18	4013	35.00	37.00	28.00
中國時報	中國時報	2004/1/2~1/3	1371	35.00	35.00	30.00
中國時報	中國時報	2003/12/25~26	1070	36.00	34.00	30.00

國家圖書館出版品預行編目

選舉民調中的非抽樣誤差與準確度評量 / 蘇建州著.
-- 一版. -- 臺北市：秀威資訊科技，
2007.09
　　面；　公分. --(社會科學類 AF0069)
ISBN 978-986-6732-15-7(平裝)

1.抽樣理論　2.民意調查　3.統計學

511.27　　　　　　　　　　　　　　96017739

社會科學類　　AF0069

選舉民調中的非抽樣誤差與準確度評量

作　　者 / 蘇建州
發 行 人 / 宋政坤
執行編輯 / 賴敬暉
圖文排版 / 陳湘陵
封面設計 / 莊芯媚
數位轉譯 / 徐真玉　沈裕閔
圖書銷售 / 林怡君
法律顧問 / 毛國樑　律師
出版印製 / 秀威資訊科技股份有限公司
　　　　　台北市內湖區瑞光路 583 巷 25 號 1 樓
　　　　　電話：02-2657-9211　　　傳真：02-2657-9106
　　　　　E-mail：service@showwe.com.tw
經 銷 商 / 紅螞蟻圖書有限公司
　　　　　台北市內湖區舊宗路二段 121 巷 28、32 號 4 樓
　　　　　電話：02-2795-3656　　　傳真：02-2795-4100
　　　　　http://www.e-redant.com

2007 年 9 月 BOD 一版
定價：250 元

讀 者 回 函 卡

感謝您購買本書，為提升服務品質，煩請填寫以下問卷，收到您的寶貴意見後，我們會仔細收藏記錄並回贈紀念品，謝謝！

1.您購買的書名：＿＿＿＿＿＿＿＿＿＿＿＿＿＿＿＿＿＿＿

2.您從何得知本書的消息？

　　□網路書店　□部落格　□資料庫搜尋　□書訊　□電子報　□書店

　　□平面媒體　□ 朋友推薦　□網站推薦 □其他＿＿＿＿＿＿

3.您對本書的評價：(請填代號　1.非常滿意 2.滿意 3.尚可 4.再改進)

　　封面設計＿＿＿　版面編排＿＿＿　內容＿＿＿　文/譯筆＿＿＿　價格＿＿

4.讀完書後您覺得：

　　□很有收獲　□有收獲　□收獲不多　□沒收獲

5.您會推薦本書給朋友嗎？

　　□會　□不會，為什麼？＿＿＿＿＿＿＿＿＿＿＿＿＿＿＿＿＿

6.其他寶貴的意見：＿＿＿＿＿＿＿＿＿＿＿＿＿＿＿＿＿＿＿＿

＿＿＿＿＿＿＿＿＿＿＿＿＿＿＿＿＿＿＿＿＿＿＿＿＿＿＿＿＿

＿＿＿＿＿＿＿＿＿＿＿＿＿＿＿＿＿＿＿＿＿＿＿＿＿＿＿＿＿

＿＿＿＿＿＿＿＿＿＿＿＿＿＿＿＿＿＿＿＿＿＿＿＿＿＿＿＿＿

讀者基本資料

姓名：＿＿＿＿＿＿＿＿＿＿　年齡：＿＿＿＿　性別：□女 □男

聯絡電話：＿＿＿＿＿＿＿＿　E-mail：＿＿＿＿＿＿＿＿＿＿

地址：＿＿＿＿＿＿＿＿＿＿＿＿＿＿＿＿＿＿＿＿＿＿＿＿＿＿

學歷：□高中(含)以下　　□高中　　□專科學校　　□大學

　　　□研究所(含)以上 □其他＿＿＿＿＿＿＿＿＿

職業：□製造業 □金融業 □資訊業 □軍警 □傳播業 □自由業

　　　□服務業 □公務員 □教職　　□學生 □其他＿＿＿＿＿＿

To：114

台北市內湖區瑞光路 583 巷 25 號 1 樓

秀威資訊科技股份有限公司　　　收

寄件人姓名：

寄件人地址：□□□

(請沿線對摺寄回,謝謝!)

秀威與 BOD

BOD（Books On Demand）是數位出版的大趨勢,秀威資訊率先運用 POD 數位印刷設備來生產書籍,並提供作者全程數位出版服務,致使書籍產銷零庫存,知識傳承不絕版,目前已開闢以下書系:

一、BOD 學術著作—專業論述的閱讀延伸
二、BOD 個人著作—分享生命的心路歷程
三、BOD 旅遊著作—個人深度旅遊文學創作
四、BOD 大陸學者—大陸專業學者學術出版
五、POD 獨家經銷—數位產製的代發行書籍

BOD 秀威網路書店:www.showwe.com.tw
政府出版品網路書店:www.govbooks.com.tw

永不絕版的故事・自己寫・永不休止的音符・自己唱